AF261810

...ES POPULAIRES

...AR L'AUTORITÉ ECCLÉSIASTIQUE

...0ᵉ édition.

A la plus grande
gloire de Dieu !

Au plus grand bien
de mes frères !

**J. M. J.
V.**

Tout pour Jésus
par Marie,
par Joseph
et Saint Vincent !

Indulgences accordées aux chanteurs et aux chanteuses d'églises.

1° Indulgences d'un an pour celui qui enseignera gratuitement le chant des louanges sacrées, en en pratiquant quelquefois l'exercice en public, ou tout au moins en particulier. Une autre Indulgence de cent jours pour celui qui en pratiquera l'exercice dans un oratoire public ou privé, toutes les fois qu'il y aura lieu ;

2° Indulgence plénière, qui pourra être gagnée à la clôture du mois de Marie, par ceux qui, dans le cours de ce mois, se seront occupés d'une manière particulière à chanter les louanges sacrées dans le lieu saint, et auront assisté aux exercices du mois de Marie ;

3° Indulgence plénière une fois le mois, pour ceux qui, pendant au moins quatre jours de solennité ou même de simples fêtes, prendront part au chant ou à l'enseignement des louanges sacrées ; et ... Indulgence se gagnera le jour où l'on se sera approché des ...ements de Pénitence et d'Eucharistie.

... que l'on puisse gagner les Indulgences ci-dessus, *il faut les prières et les louanges chantées aient l'approbation l'autorité ecclésiastique ;*

... Ces Indulgences pourront être appliquées aux âmes des fidèles trépassés.

Ces concessions ont été signées par S. S. Pie IX, le 7 avril 1858.

VU ET APPROUVÉ :

† FÉLIX, Archevêque de Tours.

V.-L. MOREAU, ÉDITEUR,

MARTIGNÉ - FERCHAUD.

—

1873.

AVIS.

—

Il est facile de comprendre l'utilité des Cantiques ; c'est un excellent moyen pour entretenir la piété et ranimer la ferveur. Ames chrétiennes, suivez le conseil de l'Apôtre, vous y trouverez un délassement au milieu de vos travaux et un aliment solide pour votre piété.

Les airs de nos Cantiques sont presque tous connus. Si quelqu'un veut les voir notés en musique, il consultera les magnifiques recueils publiés : par les Frères, et par les Sulpiciens chez Poussielgue-Rusand, à Paris ; par M. Bourgeois, chez Caron, à Amiens ; par les PP. Maristes, chez Briday, à Lyon ; par les PP. Missionnaires, chez Vatar, à Rennes, et par d'autres ailleurs. Nous nous contentons de signaler les Cantiques, ayant le même rhythme, et auxquels on pourra adapter un air convenable, facile et connu dans le pays, en changeant, supprimant ou ajoutant un refrain, en réunissant ou divisant les couplets, en remplaçant même quelques mots. Il suffira de s'entendre à l'avance.

Voici les cantiques qui ont le même rhythme, et qui peuvent, suivant la convenance, se chanter sur le même air :

Nos 2-17-26-29-33-34-49-53-56-59-64-70-71-74-75-79-97-98-99.

Nos 3-12.

Nos 5-11-18-19-36-39-46-52-76-78-101-102-104-105.

Nos 7-21-65-94-103.

Nos 8-47-48-50-66-68.

Nos 13-32.

Nos 22-27-55-73-87-88-89-90-91-92-107.

Nos 25-100.

Nos 57-58.

Ce simple tableau guidera la personne qui doit entonner, lui fera trouver de nouveaux airs, et rendra peut-être possible le chant d'excellents Cantiques. Les Nos non signalés ne nous ont pas paru avoir autant de ressemblance pour le rhythme.

———

ABRÉGÉ DE LA RELIGION

Dieu est l'être infiniment parfait, Créateur du ciel et de la terre.

L'homme est une créature raisonnable, composée d'un corps et d'une âme.

Nous ne sommes sur la terre que pour connaître, aimer, servir Dieu, et, par ce moyen, arriver au bonheur éternel.

Il n'y a qu'un Dieu. — Il y a trois personnes en Dieu : le Père, le Fils et le Saint-Esprit.

Le Fils de Dieu fait homme s'appelle Jésus-Christ : il est venu au monde pour expier nos péchés, et nous sauver de l'enfer ; il est né le jour de Noël, il a vécu 33 ans ; il a établi le sacrement de l'Eucharistie le Jeudi Saint ; il est mort sur la croix le Vendredi Saint ; il est ressuscité le jour de Pâques ; il est monté au ciel le jour de l'Ascension ; il a envoyé le Saint-Esprit à ses apôtres le jour de la Pentecôte ; il reviendra à la fin du monde pour juger les vivants et les morts.

Les bons jouiront d'un bonheur éternel dans le ciel ; les méchants subiront un tourment éternel dans l'enfer.

On ne peut être sauvé que dans l'Eglise catholique, apostolique et romaine, qui est la vraie Eglise de Jésus-Christ.

— Voilà ce que nous devons croire ; voici ce que nous devons faire. Dieu commande, l'homme doit obéir :

1º Un seul Dieu tu adoreras et aimeras parfaitement ; c'est-à-dire nous devons croire, espérer en Dieu ; aimer et prier Dieu.

2º Dieu en vain tu ne jureras ni autre chose pareillement ; c'est-à-dire : le jurement ou serment inutile, le blasphème et les malédictions nous sont défendus.

3º Les dimanches tu garderas en servant Dieu dévotement ; c'est-à-dire : nous devons nous reposer en servant Dieu les jours de dimanche.

4º Père et mère honoreras afin de vivre longuement ; c'est-à-dire : nous devons à nos parents amour, respect, obéissance et assistance dans le besoin.

5º Homicide point ne seras de fait ni volontairement ; c'est-à-dire : il nous est défendu de faire du mal à notre prochain, soit dans son corps, soit dans son âme, soit dans sa réputation.

6º et 9º Luxurieux point ne seras de corps, ni de consentement. L'œuvre de chair ne désireras qu'en mariage seulement ; c'est-à-dire : nous devons fuir toute pensée, tout désir, toute parole, toute action contraires à la modestie chrétienne.

7º et 10º Les biens d'autrui ne prendras ni retiendras injustement. Les biens d'autrui ne convoiteras pour les avoir injustement ; c'est-à-dire : le vol, le désir du vol, la fraude nous sont défendus ; il faut payer ses dettes et réparer tout le dommage causé injustement au prochain.

8º Faux témoignage ne diras, ni mentiras aucunement ; c'est-à-dire : en justice le faux témoignage est un crime, et partout le mensonge est un péché.

L'Eglise, dont nous sommes membres, a fait aussi des lois, et nous devons nous y soumettre sous peine de n'être plus fidèles chrétiens :

1º Les fêtes tu sanctifieras qui te sont de commandement ; c'est-à-dire : les jours de l'Ascension, de l'Assomption, de la Toussaint, de Noël, nous devons nous reposer en servant Dieu dévotement, comme le dimanche.

2º Les dimanches messe ouïras et les fêtes pareillement ; c'est-à-dire : pour garder et sanctifier le dimanche, il faut aller à la messe.

3º Tous les péchés confesseras au moins une fois l'an ; c'est-à-dire : nous sommes obligés de confesser chaque année tous nos péchés avec la volonté ferme de ne plus les commettre.

4º Ton Créateur tu recevras au moins à Pâques humblement ; c'est-à-dire : l'âme comme le corps a besoin de nourriture ; et si elle ne communie pas au moins une fois l'an avec de bonnes dispositions, elle meurt à la grâce.

5º Quatre-Temps, Vigiles, jeûneras et le carême entièrement ; c'est-à-dire : nous devons faire pénitence, et jeûner, s'il est possible, les jours de Quatre-Temps, les veilles de grandes fêtes et pendant le Carême.

6º Vendredi chair ne mangeras, ni le samedi mêmement ; c'est-à-dire : il faut s'abstenir d'aliments gras le vendredi, le samedi et les jours de jeûne, à moins de dispense.

— Désobéir à la loi de Dieu ou de l'Eglise, c'est pécher. Le péché est mortel quand il est grave et parfaitement consenti. Le péché est véniel quand il est léger ou à peine consenti.

Nous ne pouvons rien sans la grâce de Dieu, sa grâce ne fait rien sans nous, nous pouvons tout avec sa grâce.

Nous obtenons la grâce de Dieu par la prière et les sacrements. Il y a sept sacrements.

1. Le Baptême est un sacrement qui efface le péché originel, et qui nous fait les enfants de Dieu et de l'Eglise.

2. La Confirmation est un sacrement qui nous donne le Saint-Esprit et nous rend parfaits chrétiens.

3. L'Eucharistie est un sacrement qui contient réellement le corps, le sang, l'âme et la divinité de Jésus-Christ sous les apparences du pain et du vin.

4. La Pénitence est un sacrement qui remet les péchés commis après le baptême.

5. L'Extrême-Onction est un sacrement institué pour le soulagement spirituel et corporel des chrétiens dangereusement malades.

6. L'Ordre est un sacrement qui consacre les Prêtres.

7. Le Mariage est un sacrement établi pour sanctifier l'union légitime des époux.

RÈGLEMENT DE VIE

Après une Mission ou une Retraite.

Que sert à l'homme de gagner tout l'univers, s'il vient à perdre son âme? (s. MATH. 16.)
Celui qui aura persévéré jusqu'à la fin, sera sauvé. (s. MATH. 24.)

Je veux sauver mon âme, quoi qu'il m'en coûte, et mettre en pratique tout le reste de ma vie les bonnes inspirations que la grâce de Dieu m'a suggérées pendant la mission ; j'observerai les cinq résolutions suivantes :

1º J'éviterai avec le plus grand soin le péché, surtout le péché mortel que je craindrai plus que la mort. *Je ne suis créé que pour connaître, aimer et servir Dieu, et nullement pour l'outrager, en me rendant par le péché l'esclave du démon.*

2º J'observerai fidèlement les commandements de Dieu et de l'Eglise. *J'en ai contracté l'obligation par mon baptême. C'est là ma loi : si je ne l'observe pas, je ne suis pas un chrétien, mais un infidèle.*

3º Je ne manquerai jamais aux préceptes essentiels de la confession annuelle et de la communion pascale. *Hélas ! par le passé je les ai peut-être trop souvent négligés ou mal observés.*

4º Je combattrai sans cesse en moi l'orgueil, l'avarice et la sensualité, trois passions funestes qui ont été la cause de tous mes péchés et de tous mes malheurs. *Je résisterai à leurs appas trompeurs par la méditation approfondie de mes dernières fins. Quoi ! je me livrerais à l'orgueil, moi, néant ; moi, cendre et poussière, amas de corruption, qui dois être un jour la pâture des vers ! Je m'abandonnerais à l'avarice, moi à qui la mort ne doit laisser qu'un cercueil ! Je me plongerais dans les plaisirs sensuels, moi qui dois être un jour jugé par un Juge inexorable, lequel punira un moment de plaisirs criminels par les feux éternels de l'enfer !!! Ah ! loin de moi une pareille folie.*

5º Je consacrerai le reste de mes jours à la pénitence. Cette vertu, qui est absolument indispensable à un pécheur, exige de moi deux choses, le regret du passé et le changement de vie pour l'avenir. *Quel bonheur pour moi qu'au lieu de me précipiter en enfer, comme tant d'autres, Dieu, dans sa miséricorde, veuille bien me laisser le temps de satisfaire à sa justice en ce monde, ce que je puis faire si facilement en lui offrant et en supportant avec patience les peines de mon état !*

Pour mieux assurer le succès de mes résolutions, j'userai des cinq moyens suivants :

1º Je m'élèverai au-dessus du respect humain, ne rougissant jamais d'être ni de paraître chrétien. Se damne qui voudra, moi je veux me sauver.

2º J'emploierai la vigilance et la prière, afin de ne point succomber à la tentation. Je veillerai sur tous les sens de mon corps, spécialement sur mes yeux, mes oreilles et ma langue ; je veillerai sur toutes les facultés de mon âme, sur les pensées de mon esprit, sur les affections et les désirs de mon cœur. A la vigilance je joindrai la prière que je ne manquerai pas de faire chaque jour, le matin et le soir.

3º Je fuirai soigneusement les mauvaises compagnies ; car autrement je suis perdu, selon le proverbe qui dit avec raison : dis-moi qui tu hantes, je te dirai qui tu es.

4º Je recourrai aux sacrements de Pénitence et d'Eucharistie, non-seulement à Pâques, ainsi que je l'ai résolu, mais encore toutes les fois que j'en aurai besoin, selon l'avis de mon confesseur.

5º Enfin j'honorerai et j'invoquerai souvent, surtout dans les dangers et les tentations, mon bon ange gardien, mes saints patrons, et spécialement la très-sainte Vierge Marie, mère de Dieu, à laquelle je me suis consacré pendant la mission.

Relisez ce Règlement tous les dimanches et voyez en quoi vous y avez manqué durant la semaine.

AU SALUT:

O Salutaris Hostia ! Quæ cœli pandis ostium !
Bella premunt hostilia ; Da robur fer auxilium.
— Uni trinoque Domino Sit sempiterna gloria.
Qui vitam, sine termino, Nobis donet in patria. Amen.

Ave verum corpus natum de Mariâ Virgine :
Vere passum immolatum in Cruce pro homine :
Cujus latus perforatum fluxit aqua et sanguine :
Esto nobis prægustatum mortis in examine :
O Jesu dulcis ! O Jesu pie !
O Jesu fili Mariæ ! tu nobis miserere.

Tantum ergo sacramentum Veneremur cernui.
Et antiquum documentum Novo cedat ritui :
Præstet fides supplementum Sensuum defectui.
— Genitori Genitoque Laus et jubilatio ;
Salus, honor, virtus quoque Sit et benedictio ;
Procedenti ab utroque Compar sit laudatio. Amen !

Sub tuum præsidium Confugimus sancta Dei Genitrix :
nostras deprecationes ne despicias in necessitatibus, sed
a periculis cunctis libera nos semper, Virgo gloriosa et be-
nedicta.

Ave, maris stella,
Dei Mater alma,
Atque semper virgo,
Felix Cœli porta.
— Sumens illud Ave
Gabrielis ore,
Funda nos in pace,
Mutans Hevæ nomen.
— Solve vincla reis,
Profer lumen cæcis,
Mala nostra pelle,
Bona cuncta posce.
— Monstra te esse matrem,
Sumat per te preces,
Qui, pro nobis natus,
Tulit esse tuus.
— Virgo singularis,
Inter omnes mitis,
Nos culpis solutos
Mites fac et castos.
— Vitam præsta puram,
Iter para tutum,
Ut videntes Jesum
Semper collætemur.
— Sit laus Deo Patri,
Summo Christo decus,
Spiritui sancto,
Tribus honor unus. Amen !

Inviolata integra et casta es, Maria !
Quæ es effecta fulgida Cœli porta ;
O Mater alma Christi charissima,
Suscipe pia laudum præconia,
Nostra ut pura pectora sint et corpora,
Te nunc flagitant devota corda et ora,
Tua per precata dulcisona,
Nobis concedas veniam per sœcula.
O benigna ! O Regina ! O Maria !
Quæ sola inviolata permansisti.

Salve, Regina, mater misericordiæ ; Vita dulcedo et spes nostra, salve. Ad te clamamus exules, filii Hevæ. Ad te suspiramus, gementes et flentes in hâc lacrymarum valle. Eia, ergo, advocata nostra, illos tuos misericordes oculos ad nos converte. Et Jesum, benedictum fructum ventris tui, nobis post hoc exilium ostende. O clemens, o pia, o dulcis Virgo Maria !

— Adoremus in æternum sanctissimum Sacramentum.
— Laudate Dominum, omnes gentes ; Laudate eum omnes populi.
— Quoniam confirmata est super nos misericordia ejus ; Et veritas Domini manet in æternum.
— Gloria Patri, et Filio, et Spiritui Sancto.
— Sicut erat in principio, et nunc et semper, et in sœcula sœculorum. Amen !

OREMUS. Deus, qui nobis sub Sacramento mirabili passionis tuæ memoriam reliquisti : tribue, quæsumus, ita nos Corporis et Sanguinis tui sacra mysteria venerari ; ut redemptionis tuæ fructum in nobis jugiter sentiamus. Qui vivis.

OREMUS. Concede nos famulos tuos, quæsumus, Domine Deus, perpetua mentis et corporis sanitate gaudere : et gloriosa beatæ Mariæ semper virginis intercessione, a præsenti liberari tristitia, et æterna perfrui lætitia. Per Dominum.

CANTIQUES POPULAIRES.

N° 1. — **INVOCATIONS.**

Refrain. Esprit-Saint, descendez en nous,
Embrasez notre cœur de vos feux les plus doux.
— Sans vous, notre vaine prudence,
Ne peut, hélas ! que s'égarer :
Ah ! dissipez notre ignorance ;
Esprit d'intelligence, venez nous éclairer.
— Le noir enfer, pour nous livrer la guerre,
Se réunit au monde séducteur ;
Tout est pour nous embûches sur la terre,
Soyez notre libérateur.
— Enseignez-nous la divine sagesse,
Seule, elle peut nous conduire au bonheur ;
Dans ces sentiers qu'heureuse est la jeunesse,
Qu'heureuse est la vieillesse ?

N° 2.

— O Saint-Esprit, donnez-nous vos lumières,
Venez en nous, pour nous embraser tous ;
Venez former et régler nos prières ;
Nous ne pouvons faire aucun bien sans vous.
— Priez pour nous, sainte Vierge Marie ;
Obtenez-nous grâce auprès du Sauveur,
Pour écouter ces paroles de vie,
Et les graver comme vous dans nos cœurs.

N° 3.

Refrain. Vive le Seigneur dans notre cœur !
— Venez, Esprit-Saint, Dieu d'amour ;
Descendez sur nous en ce jour,
Allumez, par vos traits vainqueurs,
Le feu divin dans tous les cœurs.
— Grand Dieu, souverain Créateur,
Envoyez le Consolateur ;
Vous verrez, malgré les enfers,
Se renouveler l'univers.
— Sans vous, notre fragilité
Ne peut goûter la vérité :
Parlez, échauffez notre cœur,
Donnez-nous une sainte ardeur.

Nº 4.

Refrain. Esprit-Saint, Dieu de lumière,
O Vous que nous invoquons,
Venez des cieux sur la terre ;
Comblez-nous de tous vos dons.
— Donnez-nous cette intelligence,
Ce don qui fait connaître au cœur
De la foi toute l'excellence,
Et du crime toute l'horreur.
— Venez, inspirez-nous la force
D'aimer Dieu, d'observer sa loi ;
Et qu'en vain le monde s'efforce
D'éteindre dans nos cœurs la foi.
— Grand Dieu ! inspirez-nous la crainte
De vos terribles jugements ;
Que l'amour de votre loi sainte
Pénètre et nos cœurs et nos sens !

Nº 5.

Refr. Venez, Créateur de nos âmes,
Esprit-Saint, qui nous animez,
Brûlez de vos célestes flammes
Les cœurs que vous avez formés.
—Visitez-nous, Dieu de lumière,
Source de paix et de bonheur,
Don du Très-Haut, feu salutaire,
Venez, régnez dans notre cœur.
— Venez ; par un rayon propice
Daignez nous dessiller les yeux ;
Venez nous arracher au vice
Et nous embraser de vos feux.
—Faites-nous connaître le Père,
Faites-nous connaître le Fils,
Et vous-même, en qui l'on révère
Le saint nœud, qui les tient unis.

Nº 6.

Refrain. Parais, Dieu de lumière,
Esprit créateur, descends dans nos cœurs,
Prends pitié des pécheurs,
Entends notre prière,
Exauce nos vœux, Ouvre-nous les Cieux,
Où tous nous serons heureux.
— Divine science, Viens par ta puissance
Dissiper l'erreur D'un monde trompeur ;
Montre ta lumière, Descends sur la terre,
Eclaire le cœur Du pauvre pécheur.
— Notre âme t'écoute, Montre-nous la route
Pour aller au Ciel, Esprit de Conseil.
Oh ! rends-nous dociles Aux Saints Évangiles,
Ce livre divin, Appui du chrétien.

Nº 7. — LE SALUT.

— Un Dieu vient se faire en-
[tendre ;
Quelle ineffable faveur !
A sa voix il faut vous rendre,
Il vous offre le bonheur.
Ref. Accourez, peuple fidèle,
Voici les jours du Seigneur,
Quand sa bonté vous appelle,
Ne fermez pas votre cœur.
Autre ref. Accourez, peuple
Venez à la Mission : [fidèle,
Le Seigneur, qui vous ap-
[pelle,
Veut votre conversion.
— Dans l'état le plus hor-
[rible
Le péché vous a réduits :
Mais, à vos malheurs sen-
[sible,
Dieu vers nous vous a con-
[duits.
— Sur vous il fera reluire
Une céleste clarté,
Dans votre âme il va produire
Le feu de la charité.
— Trop longtemps, hélas ! le
[crime
A pour vous eu des attraits :
Qu'un saint zèle vous anime
A le bannir pour jamais !

— Loin de vous toute injus-
[tice !
Plus de haine et de fureur !
Que rien d'impur ne ternisse
Ni votre esprit ni vos mœurs !
— Du blasphème, du parjure
Montrez une sainte horreur ;
Plus en vous de flamme im-
[pure.
N'aimez plus que le Seigneur !
— Evitez l'intempérance
Et tout plaisir criminel ;
Que chacun enfin ne pense
Qu'à son salut éternel !
— Sans tarder, changez de
[vie :
Sur vos maux pleurez, pé-
[cheurs,
C'est Dieu qui vous y convie ;
N'endurcissez point vos
[cœurs.
— Quel bonheur inestimable,
Si, pleins d'un vrai repentir,
De leur état misérable
Les pécheurs voulaient sor-
[tir !
— Brisez de ces cœurs re-
La coupable dureté ; [belles
Grand Dieu ! rendez-les fi-
A suivre la vérité ! [dèles

Nº 8.

— Travaillez à votre salut ;
Quand on le veut il est facile ;
Chrétiens, n'ayez point d'au-
[tre but,
Sans lui tout devient inutile.
Ref. Sans le salut, pensez-y
[bien,
Tout ne vous servira de rien.
— Oh ! que l'on perd en le
[perdant !

On perd le céleste héritage ;
Au lieu d'un bonheur si char-
[mant,
On a l'enfer pour son partage.
— Que sert de gagner l'uni-
[vers,
Si l'on vient à perdre son
[âme,
Et s'il faut, au fond des en-
[fers,

Brûler dans l'éternelle flam-
[me?
— Rien n'est digne d'em-
[pressement,
Si ce n'est la vie éternelle :
Tout le reste est amusement,
Tout n'est que pure bagatelle.
— C'est pour toute une éter-
[nité
Qu'on est heureux ou misé-
[rable!

Que devant cette vérité
Tout ce qui passe est mépri-
[sable!
— Grand Dieu, que tant que
[nous vivrons,
Cette vérité nous pénètre?
Ah! faites que nous nous
[sauvions.
A quelque prix que ce puisse
[être!

No 9.

— Nous n'avons à faire
Que notre salut :
C'est là notre but,
C'est là notre unique affaire;
Nous serons heureux
En cherchant les cieux.
— Notre âme immortelle
Est faite pour Dieu ;
La terre est trop peu,
Ou plutôt n'est rien pour elle ;.
Nous serons heureux
En cherchant les Cieux.
— Recherche, âme immonde,
Selon tes désirs,
Les biens, les plaisirs,
Et les honneurs de ce monde :
Pour nous, plus heureux,
Nous cherchons les Cieux.
— Poursuis la fumée
D'un bien passager ;
Gagne un monde entier ;

Quel gain si l'âme est damnée ?
Pour nous, plus heureux,
Nous cherchons les Cieux.
— Perte universelle,
Perdre son Sauveur !
Perdre son bonheur,
Perdre la vie éternelle !
Afin d'être heureux,
Nous cherchons les Cieux.
— Nous cherchons la grâce,
Le reste n'est rien ;
Ce n'est pas un bien,
Dès lors qu'il trompe et qu'il passe.
Afin d'être heureux,
Nous cherchons les Cieux.
— Nous cherchons la vie,
La gloire et la paix
Qui dure à jamais !
En avons-nous quelque envie,
Soyons courageux,
Nous aurons les Cieux.

No 10.

— Tout n'est que vanité,
Mensonge, fragilité,
Dans tous ces objets divers,
Qu'offre à nos regards l'univers :
Tous ces brillants dehors,
Cette pompe,
Ces biens, ces trésors,
Tout nous trompe,
Tout nous éblouit,
Mais tout nous échappe et s'enfuit.
— Telles qu'on voit les fleurs,
Avec leurs vives couleurs,
Eclore, s'épanouir;
Se faner, tomber et périr ;

Tel est des vains attraits
Le partage :
Tels l'éclat, les traits
Du bel âge,
Après quelques jours,
Perdent leur beauté pour toujours.
— En vain, pour être heureux,
Le jeune voluptueux
Se plonge dans les douceurs
Qu'offrent les mondains séduc-
[teurs
Plus il suit les plaisirs
Qui l'enchantent,
Et moins ses désirs
Se contentent;

Le bonheur le fuit
A mesure qu'il le poursuit.
— Que doivent devenir,
Pour l'homme qui doit mourir,
Ces biens longtemps amassés,
Cet argent, cet or entassés !
Fût-il du genre humain
Seul le maître,
Pour lui, tout enfin
Cesse d'être ;
Au jour de son deuil
Il n'a plus pour lui qu'un cercueil.
— J'ai vu l'impie heureux
Porter son air fastueux
Et son front audacieux
Au-dessus du cèdre orgueilleux ;
Au loin tout révérait
Sa puissance,
Et tout adorait
Sa présence :
Je passe, et soudain
Il n'est plus, je le cherche en vain.
— Au savant orgueilleux,
Que sert un génie heureux,
Un nom devenu fameux
Par mille travaux glorieux ?
Non, les plus beaux talents,
L'éloquence,
Les succès brillants,
La science,
Ne servent de rien

A qui ne sait vivre en chrétien.
— Arbitre des humains,
Dieu seul tient entre ses mains
Les événements divers
Et le sort de tout l'univers.
Seul, il n'a qu'à parler,
Et la foudre
Va frapper, brûler,
Mettre en poudre
Les plus grands héros,
Comme les plus vils vermisseaux.
— La mort dans son courroux,
Dispense à son gré ses coups,
Et l'homme ne fut jamais
A l'abri d'un seul de ses traits ;
Sur son triste retour,
La vieillesse,
Dans son plus beau jour,
La jeunesse,
L'enfance au berceau,
Trouvent tour à tour leur tombeau.
— Oh ! combien malheureux
Est l'homme présomptueux,
Qui, dans ce monde trompeur,
Croit trouver son bonheur !
Dieu seul est immortel,
Immuable,
Seul grand, éternel,
Seul aimable :
Avec son secours
Donnons-nous à lui pour toujours.

N° 11. — LE PÉCHÉ.

Loin de mon cœur, péché funeste !
Ta seule ombre doit m'alarmer ;
Je te renonce, et te déteste ;
Plutôt mourir que de t'aimer !
Ref. Frémis, ingrat pécheur,
Redoute un Dieu vengeur.
— Oh ! si l'on pouvait bien com-
prendre
Quelle est du péché la laideur,
A ses attraits loin de se rendre,
L'on en serait saisi d'horreur.
— Le mortel qui s'en rend cou-
Méprise le Souverain Roi ; [pable,
Par une malice exécrable,
Il foule aux pieds sa sainte loi.
— Un bien passager et frivole,
Un faux plaisir, un faux honneur ;
Voilà la détestable idole
Mise à la place du Seigneur.
— Le pécheur, loin de reconnaître
D'un Dieu la libéralité,
Se sert contre ce divin Maître

Des dons mêmes de sa bonté.
— Eh ! quoi donc ! l'homme, ver
de terre,
Vile poussière et pur néant,
Ose à Dieu déclarer la guerre !
Quel attentat plus effrayant !
— Tous les désordres lamentables
Qui désolent cet univers,
Les maux les plus épouvantables,
O péché ! sont tes fruits amers.
— Que tu renfermes d'injustice
Et d'ingratitude à la fois !
C'est pour expier ta malice
Que Jésus-Christ fut mis en croix.
— Tu portes la mort dans les âmes
Qui suivent tes trompeurs attraits ;
Tu leur fais mériter des flammes
Qui les brûleront à jamais.
— Maudit péché, néant rebelle,
Monstre horrible et digne d'effroi,
Oh ! que ta morsure est cruelle !
Malheur à qui se livre à toi !

N° 12. — FINS DERNIÈRES.

Refrain. A la mort, à la mort,
  Pécheur, tout finira :
Le Seigneur à la mort Te jugera.
— Il faut mourir, il faut mourir,
De ce monde il nous faut sortir;
Le triste arrêt en est porté,
Il faut qu'il soit exécuté.
— Comme une fleur qui se flétrit,
Ainsi bientôt l'homme périt ;
L'affreuse mort vient de ses jours
Dans peu de temps finir le cours.
— Pécheurs, approchez du cercueil,
Venez confondre votre orgueil ;
Là, tout ce qu'on estime tant
Est enfin réduit au néant.
— Esclaves de la vanité,
Que deviendra votre beauté? [leur,
Vos traits, sans forme et sans cou-
Vous rendront un objet d'horreur.
— Vous, qui suivez tous vos désirs,
Qui vous plongez dans les plaisirs,
Pour vous quel affreux changement
La mort va faire en ce moment !
— Adieu, famille, adieu, parents,
Adieu, chers amis, chers enfants !
Votre cœur se désolera ;
Mais tout enfin vous quittera.
— Ce moment doit bientôt venir,
Mais on en fuit le souvenir ;
Et l'homme sans réflexion
Vit ainsi dans l'illusion.
— S'il fallait subir votre arrêt,
Chrétiens, qui de vous serait prêt?
Combien dont le funeste sort
Serait une éternelle mort !!

N° 13.

— Arrête ici, passant, contemple cette tombe :
Riches, grands et petits, à la mort tout succombe.
Regarde bien comme la mort m'a mis,
Et m'a fait tout quitter, biens, parents et amis.
— Quand la mort me surprit, au printemps de mon âge,
Je vantais mon esprit, ma force et mon courage ;
Au même instant, je me vis emporté ;
Tu dis, en me voyant : A-t-il jamais été ?
— En regardant mon nom écrit sur cette pierre,
Pénètre plus avant et fouille jusqu'en terre ;
Apprends de moi ce que c'est qu'un corps mort,
Et médite et comprends quel doit être ton sort.
— Renverse ce tombeau, tu n'y verras qu'ordure,
Que vers, que puanteur, qu'horreur, que pourriture.
J'ai, comme toi, vécu plein de santé :
Comme moi tu seras ; l'arrêt en est porté.
— Entre dans ce tombeau, palpe cette poussière ;
Tu n'y verras plus rien de ma beauté première.
Entre et regarde au fond du monument ;
Les vers ne m'ont laissé que les os seulement.
— En me voyant ainsi, pense donc à toi-même,
Pense à l'arrêt porté par le Juge suprême ;
Tu viens ici d'un pas précipité,
Et pour toi va s'ouvrir, dans peu, l'éternité.

N° 14.

— Souvenez-vous, Chrétiens, qu'il faut mourir,
Que votre corps au tombeau doit pourrir,
Et que vos jours coulent incessamment
Vers ce fatal et terrible moment.
— Comme un voleur, la mort arrivera ,
Nous ne savons en quel temps ce sera :
C'est un secret de tout homme ignoré,
Afin qu'il soit en tout temps préparé.
— Lorsque notre âme, après de grands efforts,
Au temps prescrit aura quitté son corps,
Au même lieu, dans le même moment,
Dieu la fera paraître en jugement.
— Tous les péchés que nous aurons commis
Devant nos yeux alors seront remis :
On pèsera nos fautes, nos vertus,
Et les bienfaits que nous aurons reçus.
— Alors ce Dieu, plein de sévérité,
Nous jugera pour une éternité,
Et sans délai, sans espoir de retour,
Nous subirons notre arrêt en ce jour.
— L'homme, chargé d'un seul péché mortel,
Sera conduit au supplice éternel.
Vaine douleur, inutiles regrets !
Le feu vengeur ne s'éteindra jamais !
— Pouvons-nous bien penser à ce malheur
Sans en trembler, sans en frémir d'horreur,
Et sans vouloir, par nos soins et nos vœux,
Fléchir ici ce Juge rigoureux ?...
— Le juste, alors, plein de tranquillité,
Doit du Sauveur éprouver la bonté.
Qu'heureusement seront récompensés
Et ses douleurs et ses travaux passés !
— Tout revêtu de gloire et de clarté,
Aux Cieux enfin il sera transporté ;
Et, l'enivrant d'un torrent de plaisirs,
Dieu pleinement comblera ses désirs.
— Pour embrasser la Croix avec ardeur,
Considérons ce souverain bonheur :
Quoi qu'il en coûte et qu'il puisse arriver,
Efforçons-nous, Chrétiens, de nous sauver.

Nº 15.

— Tremblez, habitants de la terre,
Tremblez, le Seigneur va venir ;
Le Ciel, dans son courroux, fait gronder son tonnerre ;
Heureux qui sait prévoir l'effroyable avenir !
— Je fus comme vous dans le monde
Esclave de mes passions,
J'insultais à mon Dieu, dans mon erreur profonde,
Et l'enfer est le fruit de mes illusions.
— Mon cœur, aveuglé par le crime,
Se jouait de l'éternité ;
Mais, ô fatale erreur ! dans un affreux abîme,
Au moment du trépas, je fus précipité.
— Venez, trop aveugle jeunesse,
Venez vous instruire aux tombeaux ;
Vous connaîtrez enfin le prix de la sagesse,
Lorsque vous entendrez le récit de nos maux.
— Venez, criminels de tout âge,
Vieillards, âge mûr, jeunes gens,
Descendez dans ce lieu de fureur et de rage,
Vous entendrez les pleurs, les grincements de dents.
— Le plus grand de tous mes supplices
C'est d'être éloigné de mon Dieu,
De ne pouvoir aimer la source des délices,
Sa main me repoussant dans cet horrible lieu.
— Le feu, créé dans sa colère,
Pénètre l'esprit et le corps ;
Ne respirant que feu, l'âme se désespère,
Et les Cieux courroucés rendent vains ses efforts.
— Du sein de ce lieu de ténèbres
S'élève une noire vapeur,
Les abîmes, couverts de ces voiles funèbres,
Ne sont plus qu'un séjour de supplice et d'horreur.
— Un enfant, transporté de rage,
Maudit les auteurs de ses jours ;
Leurs leçons, leur exemple ont causé son naufrage,
A toute sa fureur il donne un libre cours.
— Bonheur ! paradis de délices !
Beau ciel ! ô cité des élus !
J'étais créé pour vous ! et d'éternels supplices
Sont devenus ma part ! je suis mort sans vertus !!
— Le souvenir de tant de grâces
Est de tous le plus déchirant ;

Mondains, ingrats pécheurs, qui marchez sur mes traces,
Vous l'apprendrez un jour dans ce feu dévorant.
   — Si le Ciel, à mes vœux propice,
   Devait un jour briser mes fers,
Que ne ferais-je pas pour calmer sa justice ?
Mais il faudra toujours souffrir dans les enfers !!!

N° 16. — PÉNITENCE.

Grâce ! Grâce ! suspends l'arrêt de tes vengeances,
Et détourne un moment tes regards irrités,
J'ai péché, mais je pleure ; oppose à mes offenses,
Oppose à leur grandeur, celle de tes bontés.
— Je sais tous mes forfaits, j'en connais l'étendue ;
En tous lieux, à toute heure, ils parlent contre moi.
Par tant d'accusateurs, mon âme confondue,
Ne prétend pas contre eux disputer devant toi.
— Tu m'avais par la main conduit dès ma naissance,
Sur ma faiblesse, en vain, je voudrais m'excuser ;
Tu m'avais fait, Seigneur, goûter ta connaissance,
Mais hélas ! de tes dons je n'ai fait qu'abuser.
— De tant d'iniquités la foule m'environne :
Fils ingrat, cœur perfide, en proie à mes remords...
La terreur me saisit, je frémis, je frissonne...
Pâle et les yeux éteints, je descends chez les morts.
— O mon Dieu ! quoi ! ce nom, je le prononce encore !
Non, non, je t'ai perdu, j'ai cessé de t'aimer.
O Juge ! qu'en tremblant je supplie et j'adore,
Grand Dieu ! d'un nom plus doux, je n'ose te nommer.
— Dans les gémissements, l'amertume et les larmes,
Je repasse des jours perdus dans les plaisirs ;
Et voilà tout le fruit de ces jours pleins de charmes,
Un souvenir affreux, la honte et les soupirs.
— Coupe, brûle ce corps ; prends pitié de mon âme,
Frappe, fais-moi payer tout ce que je te dois :
Arme-toi dans le temps du fer et de la flamme,
Mais dans l'éternité, Seigneur, épargne-moi.

N° 17. — CONVERSION.

— Reviens, pécheur, à ton Dieu qui t'appelle ;
Viens au plus tôt te ranger sous sa loi ;
Tu n'as été déjà que trop rebelle ;
Reviens à lui, puisqu'il revient à toi.
— Pour t'attirer, ma voix se fait entendre ;

Sans me lasser, partout je te poursuis.
D'un Dieu, pour toi, du Père le plus tendre,
J'ai les bontés, ingrat, et tu me fuis !
— Attraits, frayeurs, remords, secret langage,
Qu'ai-je oublié dans mon amour constant ?
Ai-je dû pour toi davantage ?
Ai-je pour toi dû même en faire autant ?
— Si je suis bon, faut-il que tu m'offenses ?
Ton méchant cœur s'en prévaut chaque jour.
Plus de rigueur vaincrait tes résistances ;
Tu m'aimerais, si j'avais moins d'amour.
— Ta courte vie est un songe qui passe,
Et de la mort le jour est incertain ;
Si j'ai promis de te donner ma grâce,
T'ai-je jamais promis le lendemain ?
— Le Ciel doit-il te combler de délices
Dans le moment qui suivra ton trépas ?
Ou bien l'enfer t'accabler de supplices ?
C'est l'un des deux, et tu n'y penses pas ! ! !

Nᵒ 18.

Refrain. Il en est temps, pécheur,
Revenez au Seigneur.
— Serez-vous donc toujours rebelle
A la voix du Dieu souverain ?
Depuis longtemps il vous appelle ;
Ah ! que ce ne soit plus en vain !
— C'est votre Dieu, c'est votre Maître ;
Pour vous, ah ! quel est son amour !
N'avez-vous de lui reçu l'être
Que pour l'outrager chaque jour ?
— En suivant sans cesse du crime
Les vains et dangereux appats,
Vous tombez d'abîme en abîme,
Hélas ! et vous n'y pensez pas !
— Pour sortir de votre esclavage,
Faites enfin tous vos efforts ;
En tardant toujours davantage,
Vos fers en deviendraient plus forts.
— O pauvre brebis égarée,
Pourquoi toujours vous obstiner ?
C'est ici l'heure désirée,
Où Dieu cherche à vous ramener.

— Ah ! si d'une mort imprévue
Vous recevez le coup fatal ;
C'en est fait, votre âme est perdue,
Et vous aimez encor le mal !
— Quoi donc, toujours être insensible
Au péril de l'éternité !
Non, il n'est rien de plus horrible
Que votre insensibilité.
— Plein du regret le plus sincère,
Jetez-vous donc entre ses bras ;
C'est un bon Maître, un tendre Père,
Il ne vous rebutera pas.

N° 19. — CONFESSION.

— Du triste poids qui vous accable,
Il faut, pécheur, vous délivrer ;
La grâce est un bien désirable,
Il est temps de la recouvrer.
Qu'un saint repentir vous anime ;
Courez au sacré tribunal.
Quiconque s'endort dans le crime
Peut avoir un réveil fatal.
— En vain, devant le Roi suprême,
Poussez-vous de profonds soupirs ;
En vain au-dedans de vous-même
Formez-vous de pieux désirs :
Si, pour déclarer votre offense,
Vous ne faites un saint effort,
Hélas ! votre seule indolence
Vous tient dans un état de mort.
— Un conducteur sage et fidèle,
Sur vos devoirs vous instruira :
A sa voix, votre ardeur nouvelle
De plus en plus s'enflammera.
Par un moyen prompt, efficace,
Il vous guérira de vos maux :
Sur vous Dieu répandra sa grâce ;
Vous jouirez d'un doux repos.
— Mais pour recouvrer la justice,
Pécheur, il faut vous préparer ;
Connaissez bien votre malice
Afin de la bien déclarer ;
Sondez de votre conscience
Tous les plis et tous les détours :
Pour en avoir la connaissance,
A l'Esprit-Saint ayez recours.
— Pensez à l'injure infinie
Que le péché fait au Seigneur ;
Et que votre âme s'humilie ;
Que d'elle-même elle ait horreur.
Cette âme, si longtemps rebelle,

Mérite d'éternels tourments ;
Sur sa conduite criminelle
Livrez-vous aux gémissements.
— Mais dans cette douleur amère
Qui doit toute autre surpasser,
Aux vices qui surent vous plaire,
Pour toujours il faut renoncer :
Aimez Dieu, source de justice,
Il le faut pour un vrai retour.
Peut-on jamais sortir du vice,
Si pour Dieu l'on n'a point d'a-
              [mour ?
— Selon la grandeur de l'offense
Il faut satisfaire au Seigneur ;
D'une sévère pénitence,
Ne redoutez point la rigueur ;
Sans consulter votre mollesse,
N'hésitez pas à vous punir ;
Et surtout contre la faiblesse
Apprenez à vous prémunir.
— En réparant l'indigne outrage
Par vous fait au Dieu souverain,
Réparez aussi le dommage
Qu'a souffert de vous le prochain :
A l'abstinence, à la prière,
Joignez l'amour des ennemis ;
Rendez encore à votre frère
Et l'honneur et les biens ravis.
— Si Dieu, favorable à vos larmes,
Daigne enfin vous rendre la paix,
Ce bien si grand, si plein de
              [charmes,
Ah ! conservez-le pour jamais ;
Eloignez tout désir contraire
Aux lois de votre Créateur ;
Que le seul désir de lui plaire
Fixe pour toujours votre cœur.

Nº 20. — CONTRITION.

— Hélas! quelle douleur
  Remplit mon cœur,
Fait couler mes larmes!
Hélas! quelle douleur
  Remplit mon cœur
De crainte et d'horreur!
  Autrefois,
Seigneur, sans alarmes,
  De tes lois
Je goûtais les charmes:
Hélas! vœux superflus,
  Beaux jours perdus,
Vous ne serez plus!
— La mort déjà me suit,
  O triste nuit,
Déjà je succombe!
La mort déjà me suit,
  Le monde fuit,
Tout s'évanouit.
  Je la vois,
Entr'ouvrant ma tombe,
  Et sa voix
M'appelle et j'y tombe.
O mort! cruelle mort!
  Si jeune encor...
Quel funeste sort!
— Frémis, ingrat pécheur,
  Un Dieu vengeur,
D'un regard sévère...
Frémis, ingrat pécheur,
  Un Dieu vengeur
Va sonder ton cœur.
  Malheureux!
Entends son tonnerre;
  Si tu peux,
Soutiens sa colère;
Frémis, seul aujourd'hui,
  Sans nul appui,
Parais devant lui.
— Grand Dieu! quel jour affreux
  Luit à mes yeux!
Quel horrible abîme!
Grand Dieu! quel jour affreux
  Luit à mes yeux!
Quels lugubres feux!
  Oui l'enfer,
Vengeur de mon crime,
  Est ouvert,
Attend sa victime.
Grand Dieu! quel avenir!
  Pleurer, gémir,
Toujours te haïr!

— Beau Ciel, je t'ai perdu,
  Je t'ai vendu,
Pour de vains caprices!
Beau Ciel, je t'ai perdu,
  Je t'ai vendu,
Regrets superflus!
  Loin de toi,
Toutes tes délices
  Sont pour moi
De nouveaux supplices.
Beau Ciel! toi que j'aimais,
  Qui me charmais,
Ne te voir jamais!
— O vous, amis pieux,
  Toujours joyeux,
Et pleins d'espérance!
O vous, amis pieux,
  Toujours joyeux,
Moi seul malheureux!
  J'ai voulu
Sortir de l'enfance,
  J'ai perdu
L'aimable innocence.
O vous, du Ciel un jour
  Heureuse cour!
Adieu sans retour!
— Non, non, c'est une erreur;
  Dans mon malheur,
Hélas! je m'oublie!
Non, non, c'est une erreur;
  Dans mon malheur,
Je trouve un Sauveur.
  Il m'entend,
Me réconcilie;
  Dans son sang
Je reprends la vie.
Non, non, je l'aime encor,
  Et le remords
A changé mon sort.
— Jésus, manne des Cieux,
  Pain des heureux,
Mon cœur te réclame,
Jésus, manne des Cieux,
  Pain des heureux,
Viens combler mes vœux,
  Désormais
Ta divine flamme,
  Pour jamais
Embrase mon âme.
Jésus, ô mon Sauveur,
  Fais de mon cœur
L'éternel bonheur.

No 21.

— J'ai péché dès mon enfance ;
J'ai chassé Dieu de mon cœur :
J'ai perdu mon innocence,
Quelle perte, ah ! quel malheur !
Ref. Quel malheur !
J'ai chassé Dieu de mon cœur.
— Oh ! que mon âme était belle,
Quand elle avait sa candeur !
Depuis qu'elle est criminelle,
O Dieu ! quelle est sa laideur !
— O Dieu ! quel bonheur extrême,
Si j'étais mort au berceau,
Ou si des fonts du baptême
On m'eût conduit au tombeau !
— Malheur à vous, amis traîtres,
Mes plus cruels ennemis,
Qui fûtes mes premiers maîtres

Dans le mal que j'ai commis !
— O mon Dieu, dès mon baptême,
A vous je me consacrai ;
Et dès mon enfance même
Au démon je me livrai.
— Riche trésor de la grâce,
Te perdant, j'ai tout perdu :
Ah ! que faut-il que je fasse,
Pour que tu me sois rendu ?
— Oh ! qui mettra dans ma tête
Une fontaine de pleurs,
Sur la perte que j'ai faite,
Sur le plus grand des malheurs ?
— Pardonnez à ce rebelle
Qui déplore son malheur,
Qui veut vous être fidèle
Et vous redonner son cœur.

No 22.

— Seigneur, Dieu de clémence,
Reçois ce grand pécheur
A qui la pénitence
Touche aujourd'hui le cœur ;
Vois d'un œil secourable
L'excès de son malheur,
Et d'un cœur trop coupable
Accepte la douleur.
— Je suis un infidèle
Qui méconnus tes lois,
Un perfide, un rebelle
Qui péchai mille fois ;
Jamais dans l'innocence
Je n'ai coulé mes jours :
Toujours plus d'une offense
En a terni le cours.
— Chargé de mille crimes,
Souvent j'ai mérité
D'entrer dans les abîmes
Pour une éternité ;
J'ai peu craint la colère
De ton bras irrité ;
Mais cependant j'espère,
Seigneur, en ta bonté.
— Lorsqu'à ton indulgence
Un coupable a recours,
Des traits de ta vengeance
Ton cœur suspend le cours ;

Rempli de confiance,
J'ose venir à toi :
Au nom de ta clémence,
Grand Dieu, pardonne-moi !
— Lorsque je me rappelle
Combien je fus pécheur,
Une douleur mortelle
S'empare de mon cœur.
Par quel malheur extrême
Ai-je offensé souvent
Un Dieu la bonté même,
Un Dieu si bienfaisant !
— Fuis loin, péché funeste,
Dont je fus trop charmé ;
Péché, je te déteste
Autant que je t'aimai.
O Dieu, mon tendre Père !
Tu vois mon repentir ;
Avant de te déplaire,
Plutôt, plutôt mourir.
— Oui, mon cœur le déteste ;
Plus de péché pour moi :
Le ciel, que j'en atteste,
Garantira ma foi,
Le Dieu, qui me pardonne,
Aura tout mon amour :
A lui seul je le donne
Sans borne et sans retour.

No 23.

— Mon Dieu ! mon cœur touché
D'avoir péché, Demande grâce ;

Joignez à vos bienfaits, L'oubli de mes forfaits :
Je ne veux plus, Seigneur, vivre en votre disgrâce.
Refrain. Pardon! mon Dieu! vous êtes un Dieu bon.
        — Ah! pouvant expirer
    Sans implorer Votre clémence,
J'allais traîner mes fers Dans le fond des enfers :
N'exercez pas, mon Dieu! votre juste vengeance.
        — Vous me disiez souvent :
    « Viens, mon enfant, Ma voix t'appelle. »
J'allais à mes plaisirs, Au gré de mes désirs ;
Et depuis si longtemps vous souffrez un rebelle!
        — Ah! puisse désormais.
    Et pour jamais, Mon cœur fidèle
N'aimer que le Seigneur, L'aimer avec ardeur!
Pour mériter un jour la couronne immortelle.

N° 24.

— Mon doux Jésus, enfin voici le temps
De pardonner à nos cœurs pénitents ;
    Nous n'offenserons jamais plus
Votre bonté suprême, ô doux Jésus!
*Parce, Domine, parce populo tuo, ne in æternum
irascaris nobis!...*
— Puisqu'un pécheur vous a coûté si cher,
Faites-lui grâce, il ne veut plus pécher :
    Ah! ne perdez pas, cette fois,
La conquête admirable de votre Croix.
— Enfin, mon Dieu, nous sommes à genoux,
Pour vous prier de pardonner à tous ;
    Pardonnez-nous, ô Dieu clément!
Lavez-nous de nos crimes dans votre sang.

N° 25. — LE CIEL.

— Le Ciel en est le prix!
Que ces mots sont sublimes!
Des plus belles maximes
Voilà tout le précis :
Refr. Le Ciel en est le prix!
— Le Ciel en est le prix!
Rends pour moi ce service...
Fais-moi ce sacrifice...
Dieu parle : j'obéis.
— Le Ciel en est le prix!
La loi demande-t-elle,
Fût-ce une bagatelle?
N'importe : j'obéis.
— Le Ciel en est le prix!

Enfant, plus de colère;
Obéis à ton père
Et tu seras bon fils.
— Le Ciel en est le prix!
Allons vite à la messe.
Le Seigneur, qui nous presse,
Offre son propre Fils.
— Le Ciel en est le prix!
Amusement frivole,
De grand cœur je t'immole
Aux pieds du Crucifix.
— Le Ciel en est le prix!
Endurons cette injure :
L'amour-propre en murmure ;

Mais soudain je me dis :
— Le Ciel en est le prix !
Conservons l'innocence,
Ou par la pénitence
Sauvons-en les débris.
— Le Ciel en est le prix !
Un rien, Seigneur, vous charme ;
Que faut-il ? une larme...
Qui n'en serait surpris ?

— Le Ciel en est le prix !
Mon âme, prends courage
Ah ! si dans l'esclavage
Ici-bas tu gémis.
— Le Ciel en est le prix !
Dans l'éternel empire,
Qu'il sera doux de dire :
Tous nos maux sont finis !
Le Ciel en est le prix !

N° 26.

— Sainte Cité, demeure permanente,
Sacré palais qu'habite le grand Roi,
Où doit sans fin régner l'âme innocente,
Quoi de plus doux que de penser à toi !
Refrain. O ma patrie ! O mon bonheur !
Toute ma vie, Sois le vœu de mon cœur.

— Dans tes parvis tout n'est plus qu'allégresse ;
C'est un torrent des plus chastes plaisirs :
On n'y ressent ni peine ni tristesse,
On n'y connaît ni regrets ni soupirs.

— Beauté divine, ô beauté ravissante !
Tu fais l'objet du suprême bonheur.
Oh ! quand naîtra cette aurore brillante,
Où nous pourrons contempler ta splendeur ?

— Puisque Dieu seul est notre récompense,
Qu'il soit aussi la fin de nos travaux ;
Dans cette vie un moment de souffrance
Mérite au Ciel un éternel repos.

N° 27.

— Quand vous contemplerai-je,
O céleste séjour ?
Quand, ô mon Dieu, serai-je
Avec vous pour toujours ?
Refr. Elève-toi, mon âme,
Elève-toi, mon âme, à Dieu,
Sans cesse élève-toi, mon âme, à
— O régions si belles,   [Dieu.
Où tout comble nos vœux !
Ah ! que n'ai-je des ailes
Pour m'envoler aux Cieux !
— Non, non, toute la terre
Ne peut remplir mon cœur.
Qui peut me satisfaire ?

Vous seul, vous seul, Seigneur.
— Quoi ! tant d'hommes avides
Pour les biens d'ici-bas !
Et les seuls biens solides
On ne les cherche pas !
— Le seul bien nécessaire,
Oh ! c'est le Paradis !
Voilà l'unique affaire :
Heureux qui l'a compris !
— Je méprise la terre,
Ses biens et ses plaisirs ;
Rien ne saurait m'y plaire ;
Au Ciel sont mes désirs.

N° 28. — JE CROIS EN DIEU.

— Crois un Dieu créateur du ciel et de la terre,
Qui conserve et gouverne en Maître l'univers;
Infini, juste et bon, de l'homme il est le Père,
Réserve aux bons le Ciel, aux méchants les enfers.
Refr. Oui, Seigneur, nous croyons ces vérités divines,
Mais daignez augmenter cette foi dans nos cœurs;
Nul ne sera sauvé, s'il ne tient ces doctrines
Et ne s'efforce en tout d'y conformer ses mœurs.
— Crois de la Trinité le mystère suprême :
Trois personnes en Dieu : Père, Fils, Saint-Esprit,
Ils sont tous trois égaux; leur nature est la même.
L'Eglise, notre Mère, ainsi de Dieu l'apprit.
— Pour laver dans son sang la tache originelle,
Crois que le Fils de Dieu pour nous s'est incarné.
Sans Jésus, l'homme était à la mort éternelle,
Pour le péché d'Adam, justement condamné.
— Conçu du Saint-Esprit, né d'une Vierge-Mère,
Humble, pauvre et soumis, parmi nous il vécut,
Guérit nos maux, prêcha l'Evangile à la terre,
Et, pour nous racheter, sur la croix il mourut.
— Mais, bientôt, sur la mort remportant la victoire,
A la droite du Père il monta dans le ciel.
Un jour, nous le verrons descendre plein de gloire,
Pour prononcer à tous notre arrêt éternel.
— Le Père t'a créé par sa toute-puissance;
Le Fils pour te sauver a versé tout son sang,
L'Esprit-Saint, de ses dons t'accordant l'abondance,
Rend ton cœur juste et saint, de Dieu te fait l'enfant.
— Adresse au Ciel une humble et constante prière,
Sans la grâce, à tout bien nous sommes impuissants.
De Jésus, par Marie, obtiens force et lumière,
Et surtout avec foi recours aux sacrements.
— Dieu du plus grand pécheur reçoit la pénitence;
Reviens, humble et contrit, sois franc dans tes aveux :
Sois ferme en ton propos; sauve ton innocence
De toute occasion, de tout mal dangereux.
— Pour haïr ton péché, songe aux maux qu'il amène.
Monte au Ciel en esprit; vois quel trône tu perds!...
Descends; et des damnés vois l'éternelle peine!...
Viens au Calvaire, et là verse des pleurs amers...
— Dans la Communion, Dieu t'offre en nourriture
Son corps, son sang, son âme et sa divinité.
S'il change ici pour toi les lois de la nature,
Il veut que ce Banquet soit par toi fréquenté.
— Crois encor qu'ici-bas il a fondé l'Eglise;
De son Esprit divin il l'assiste toujours.
Comme à son chef suprême, au Pape il l'a soumise,
Avec elle il sera jusqu'à la fin des jours.
— Souviens-toi que, pour lui, Dieu t'a mis sur la terre.
Le temps fuit, la mort vient, et puis l'éternité !!
Ou le Ciel, ou l'enfer, au bout de ta carrière !!
Connais, aime, et sers Dieu; le reste est vanité.

N° 29. — EUCHARISTIE.

— Quel doux penser me transporte et m'enflamme !
O mon Jésus ! c'est vous que j'aperçois !
Un jour encor, et je vais dans mon âme
Vous posséder, ô divin Roi des rois ! (pour la 1re fois).
— Ah ! bienheureux le cœur tendre et fidèle ?
Il s'en faut bien, Seigneur, que je le sois !
Et je pourrais, moi pécheur, moi rebelle,
M'unir à vous, ô divin Roi des rois ! (pour la 1re fois).
— Longtemps, hélas ! le démon fut mon maître ;
Et cet empire il le dut à mon choix.
Plein de remords, oserai-je paraître
Devant mon Dieu, le divin Roi des rois ?
— Mais, qu'ai-je dit ? sa bonté m'encourage ;
De mes péchés je ne sens plus le poids.
O mon Jésus ! achevez votre ouvrage :
Venez à moi, ô divin Roi des rois.

N° 30.

— Mon bien-aimé ne paraît pas encore,
Trop longue nuit, dureras-tu toujours ?
Nuit, je t'implore : Hâte ton cours ;
Venez, Jésus, objet de mes amours ;
Pour être heureux, je n'attends que l'aurore.
— Je t'aperçois, asile redoutable,
Où l'Eternel descend de sa grandeur ;
Temple adorable Du Rédempteur,
Si dans tes murs il voile sa splendeur,
Ce Dieu d'amour n'en est que plus aimable.
— Sans nul éclat le Sauveur va paraître...
Sur cet autel est-ce lui que je vois ?
Est-ce mon Maître ? Est-ce mon Roi ?
Laissez, mes yeux, laissez agir ma foi,
Un œil chrétien ne peut le méconnaître.

N° 31.

— O mon bon Jésus ! mon âme vous désire :
Du fond de mon cœur, après vous je soupire.
Ref. O mon bon Jésus ! ô mon cher amour !
Régnez dans mon cœur la nuit et le jour.
— Si votre beauté, mon Sauveur, est charmante,

Votre charité n'est pas moins ravissante.
— Quel comble d'honneur, ô Majesté suprême !
Vous me visitez dans ma bassesse extrême !
— O divin Jésus, époux des chastes âmes,
Embrasez mon cœur de vos divines flammes.
— Daignez accomplir le bonheur où j'aspire,
Régnez dans mon cœur avec un plein empire.
— Que mon dernier soupir, à la fin de ma vie,
Soit : Vive Jésus ! vive à jamais Marie !
— Quand viendra le jour qu'au ciel, avec les Anges,
Je vous donnerai mille et mille louanges?

N° 32.

Ref. Venez, mon Dieu, venez, mon doux Sauveur,
    Venez régner au centre de mon cœur.
— Voici votre brebis, Pasteur incomparable,
Qui languit à vos pieds, Médecin charitable.
— Recevez votre enfant, ô Père débonnaire !
Voyez couler ses pleurs, écoutez sa prière.
— Sans cesse je gémis, sans cesse je soupire,
Je suis tout hors de moi ; soulagez mon martyre.
— Pour terminer mes maux, ô Bonté toute aimable,
Permettez-moi d'aller à votre Sainte Table.
— O Victime d'amour, ô salutaire Hostie !
O Pain délicieux ! redonnez-moi la vie.
— Pour vous donner à nous, divin Sauveur des hommes,
Consultez vos bontés, et non ce que nous sommes.
— Oui, c'est Jésus lui-même, et non pas sa figure,
Qui dans ce sacrement se donne en nourriture.
— Vous êtes pour les bons une manne céleste ;
Mais pour les libertins un poison bien funeste.
— Seigneur, pour vos bienfaits, tout à vous je me donne,
Cœur, esprit, biens, talents et toute ma personne.

N° 33.

— Qu'ils sont aimés, grand Dieu, tes tabernacles !
Qu'ils sont aimés et chéris de mon cœur !
Là, tu te plais à rendre tes oracles :
La foi triomphe et l'amour est vainqueur.
Ref. Chantons, ah ! quel beau jour !
    Dieu se donne à sa créature ;
    Il devient notre nourriture :

Admirons cet excès d'amour,
Et répétons : ah ! quel beau jour !
Autre ref. O Pain de vie ! O mon Sauveur !
L'âme ravie Trouve en toi son bonheur.
— Qu'il est heureux celui qui te contemple
Et qui soupire aux pieds de tes autels !
Un seul moment qu'on passe dans ton temple
Vaut mieux qu'un siècle au palais des mortels.
— Je nage au sein des plus pures délices :
Le Ciel entier, le Ciel est dans mon cœur.
Dieu de bonté, de faibles sacrifices
Méritaient-ils cet excès de bonheur ?
— Autour de moi, les Anges en silence
D'un Dieu caché contemplent la splendeur ;
Anéantis en sa sainte présence,
O Chérubins, enviez mon bonheur !
— En souverain règne, commande, immole,
Règne surtout par le droit de l'amour ;
Adieu, plaisirs, adieu, monde frivole :
A Jésus seul j'appartiens sans retour.

N° 34.

— Je l'ai trouvé, le seul objet que j'aime ;
Je l'ai trouvé, je ne le quitte plus ;
Je le possède au milieu de moi-même :
Oui, je le tiens, mon cœur dit : c'est Jésus.
Refrain. Ciel ! Ciel ! oh ! quel bonheur !
Oui, c'est Jésus, je le crois, je l'adore.
Ciel ! Ciel ! oh ! quel bonheur !
Oui, c'est Jésus, je sens battre mon cœur ;
Brûlons d'ardeur pour le Seigneur.
— Oui, c'est Jésus, le trésor de la terre ;
Oui, c'est Jésus, la richesse des Cieux ;
C'est notre Dieu, notre ami, notre frère,
Dont la beauté ravit les Bienheureux.
— Pour embellir le temple de mon âme,
Le Sauveur daigne y fixer son séjour.
Je le possède, il m'inspire, il m'enflamme,
Je l'ai trouvé : je l'aime sans retour.
— O doux Jésus, ô source souveraine
Des biens parfaits, des célestes faveurs !
Ah ! liez-moi d'une puissante chaîne,
Eternisez l'union de nos cœurs !

— Je vous adore au-dedans de moi-même,
Je vous contemple à l'ombre de la foi.
O Dieu, mon tout! ô Majesté suprême!
Je ne vis plus ; mais Jésus vit en moi.
— Que vous rendrai-je, ô Sauveur plein de charmes,
Pour tous les dons que j'ai reçus de vous?
Prenez mon cœur, et recueillez mes larmes,
Double tribut dont vous êtes jaloux!
— Je l'ai juré, je vous serai fidèle :
Je vous promets un éternel amour,
Tant qu'à la nuit une aurore nouvelle
Succédera pour ramener le jour.
— Ah! que ma langue, immobile et glacée,
En ce moment s'attache à mon palais,
Si dans mon cœur s'efface la pensée
De votre amour comme de vos bienfaits !
— Oui, je le sens, Jésus est dans mon âme;
Par sa présence il réjouit mon cœur;
Il me console, il m'instruit, il m'enflamme,
Me fait goûter déjà le vrai bonheur.
— Pour m'assurer cette joie ineffable,
Je n'aimerai que Jésus, mon Sauveur,
Je ne verrai loin de lui rien d'aimable,
Il aura seul mon amour et mon cœur.

Nᵒ 35.

— Chantons en ce jour,
Jésus et sa tendresse extrême ;
Chantons en ce jour,
Et ses bienfaits et son amour.
Il a daigné lui-même
Descendre dans nos cœurs ;
De ce bonheur suprême
Célébrons les douceurs.
— O Dieu de grandeur !
Plein de respect, je vous révère ;
O Dieu de grandeur !
J'adore, dans vous, mon Seigneur.
Si ce profond mystère
Vient éprouver ma foi ;
C'est l'amour qui m'éclaire
Et vous découvre en moi.
— Mon divin Époux,
Mon âme à vous seul s'abandonne ;
Mon divin Époux,
Mon âme n'a d'espoir qu'en vous.
Que l'enfer gronde et tonne,

Qu'il s'arme de fureur :
Il n'a rien qui m'étonne :
Jésus est dans mon cœur.
— Aimons le Seigneur,
Ne cherchons jamais qu'à lui
Aimons le Seigneur, [plaire ;
Il fera seul notre bonheur ;
Ami tendre et sincère,
Généreux bienfaiteur,
Il est plus, il est père ;
Donnons-lui notre cœur.
— Pour tous vos bienfaits,
Que vous offrir, ô divin Maître?
Pour tous vos bienfaits,
Je me donne à vous pour jamais.
En moi j'ai senti naître
Les transports les plus doux,
Quand j'ai pu vous connaître
Et m'attacher à vous.
— O Dieu tout-puissant,
Par ta divine Providence,

O Dieu tout-puissant,
Conserve mon cœur innocent.
Dès ma plus tendre enfance,

Vous guidâtes mes pas :
Sauvez mon innocence,
Couronnez mes combats.

Nº 36.

— Par les chants les plus magni-
Sion célèbre ton Sauveur ; [fiques
Exalte dans les saints cantiques
Ton Dieu, ton chef et ton pasteur.
Redouble aujourd'hui, pour lui
[plaire,
Tes transports, tes soins em-
[pressés :
Jamais tu n'en pourras trop faire,
Tu n'en feras jamais assez.
— Ouvre ton cœur à l'allégresse,
A tout le feu de tes transports,
Lorsque son immense largesse
T'ouvre elle-même ses trésors.
Près de consommer son ouvrage,
Il consacre son dernier jour
A te laisser ce tendre gage
Qui mit le comble à son amour.
— Offert sur la table mystique,
L'Agneau de la divine loi
Termine enfin la Pâque antique,
Qui figurait le nouveau Roi.
La vérité succède à l'ombre,
La loi de crainte se détruit :
La clarté chasse la nuit sombre
Et la loi de grâce nous luit.
— Jésus, de son amour extrême
Veut éterniser le bienfait ;
Ce que d'abord il fit lui-même,
Le prêtre, à son ordre, le fait :
Il change (ô prodige admirable
Qui n'est aperçu que des Cieux !)
Le pain en son Corps adorable,
Le vin en son Sang précieux.
— L'œil se méprend, l'esprit chan-
[celle,
Il cherche d'un Dieu la splendeur ;
Mais toujours ferme, un vrai fidèle,
Sans hésiter, voit son Seigneur.
Son Sang pour nous est un breu-
[vage,
Sa Chair devient notre aliment,
Les espèces sont le nuage
Qui nous le couvre au Sacrement.
— Où voit le juste et le coupable
S'approcher du Banquet divin,
Se ranger à la même table,
Prendre place au même festin.
Chacun reçoit la même Hostie,
Mais qu'ils diffèrent dans leur sort !
Le juste tremble et boit la vie,
L'impie affronte et boit la mort.
— Ce fils au glaive de son père
Dévouant son corps innocent,
Cette victime salutaire
Dont l'Hébreu vit couler le sang,
La manne au goût délicieuse
Qui tous les jours tombait des
Sont la figure précieuse [cieux,
Du prodige offert à nos yeux.
— Je te salue, ô Pain de l'Ange,
Aujourd'hui Pain du voyageur ;
Toi que j'adore et que je mange,
Ah ! viens dissiper ma langueur.
Loin de toi l'impur, le profane !
Pain réservé pour les enfants,
Mets des élus, céleste manne,
Objet seul digne de nos chants.
— Au secours de notre misère
Jésus se livre entièrement :
Dans la crèche il est notre frère,
Et sur l'autel notre aliment.
Quand il mourut sur le calvaire,
Il fut la rançon du pécheur :
Triomphant dans son sanctuaire,
Il est du juste le bonheur.
— Honneur, amour, louange et
[gloire
Te soient rendus, ô bon Pasteur !
Vis à jamais dans ma mémoire,
Sois toujours gravé dans mon cœur.
O pain des forts ! par ta puissance
Soulage mon infirmité,
Fais que, nourri de ta substance,
Je règne dans l'éternité.

Nº 37.

— O l'auguste Sacrement,
Où Dieu nous sert d'aliment !

J'y crois présent Jésus-Christ,
Puisque lui-même l'a dit.

— Aux prêtres donnant sa loi,
Il dit : Faites comme moi ;
C'est mon Corps livré pour vous ;
C'est mon Sang, buvez-en tous.
— Dans la consécration,
Le prêtre parle en son nom.
Aussitôt, et chaque fois,
Jésus se rend à sa voix.
— Ainsi, sans quitter le ciel,
Il réside sur l'autel.
Il fait ici son séjour,
Pour contenter son amour.
— Le pain, le vin n'y sont plus,
C'est le vrai Corps de Jésus ;
Son Corps tient lieu du pain,
Son Sang tient lieu du vin.
— Il en reste la couleur,
La rondeur, le goût, l'odeur ;
Mais, sous ces faibles dehors,
On a son Sang et son Corps.
— Ne demandons pas comment ;
Soumettons-nous seulement ;

Si nos sens peuvent errer,
La foi nous doit rassurer.
— Également on reçoit,
Sous quelque espèce qu'il soit,
Avec sa Divinité,
Toute son Humanité.
— Qui le prend indignement,
Mange et boit son jugement,
C'est le crime de Judas,
Le plus noir des attentats.
— Qui lui prépare son cœur,
Trouve en lui le vrai bonheur ;
S'unissant à Jésus-Christ,
Il devient un même esprit.
— Jésus est le Roi des rois :
Adorons-le sur la croix,
Adorons-le dans le ciel,
Adorons-le sur l'autel.
— Adorons, louons, aimons
Le Seigneur dans tous ses dons ;
Surtout n'oublions jamais
L'abrégé de ses bienfaits.

Nº 38.

Refr. Le voici l'agneau si doux,
Le vrai pain des anges,
Du ciel il descend pour nous :
Adorons-le tous.
— C'est un tendre père,
C'est le bon pasteur,
C'est l'ami sincère,
C'est notre Sauveur.
— Par toi, saint mystère,
Objet de ma foi,
Je crois, je révère
Mon maître et mon roi.
— De mon espérance
Gage précieux,
Viens par ta présence
Combler tous mes vœux.

— De ta vive flamme,
Feu du saint amour,
Consume mon âme
En cet heureux jour.
— Mais de ma misère,
Dieu de sainteté,
Que l'aveu sincère
Touche ta bonté.
— Epoux de mon âme,
Entends mes soupirs ;
Mon cœur te réclame,
Remplis mes désirs.
— Le voici, silence !
Oh ! quelle faveur,
Mon Jésus s'avance...
Il est dans mon cœur.

Nº 38 *bis*.

Refr. Je le sens, le Dieu d'amour,
Le vrai pain des anges,
Il est à moi sans retour ;
Ah ! quel heureux jour !
— Sa sainte présence
Remplit tout mon cœur
De reconnaissance,
D'amour, de bonheur.
— Ma foi qui t'implore,

Dieu de majesté,
Dans mon cœur adore
Ta divinité.
— O mon divin maître,
Comment à jamais
Pouvoir reconnaître
Un si grand bienfait ?
— Des saints et des anges
Je l'offre en retour

<table>
<tr><td>

Les vives louanges,
L'hommage et l'amour!
— Fais que par ta grâce.
O mon doux Sauveur,
Rien ne te remplace
Au fond de mon cœur.
— T'aimer et te suivre,

</td><td>

C'est tout mon désir;
Pour toi je veux vivre,
Et pour toi mourir.
— Sainte Eucharistie,
Tu seras toujours
Mes vœux, mon envie,
Mes plus purs amours.

</td></tr>
</table>

N° 39.

<table>
<tr><td>

— Que cette voûte retentisse.
Des voix et des chants des mortels;
Que tout ici s'anéantisse :
Jésus paraît sur nos autels.
— Quoique caché dans ce mystère
Sous les apparences du pain,
C'est notre Dieu, c'est notre Père;
C'est le Sauveur du genre humain.

</td><td>

— O divin Époux de nos âmes!
Dans cet auguste Sacrement,
Embrasez-nous tous de vos flam-
En vous faisant notre aliment [mes,
— Exaucez notre humble prière,
O Dieu d'amour et de bonté;
Bénissez-nous, ô tendre Père,
Dans le temps et l'éternité.

</td></tr>
</table>

N° 40.

Refrain. O Roi des Cieux !
Vous nous rendez tous heureux :
Vous comblez tous nos vœux,
En résidant pour nous dans ces lieux.
— Prodige d'amour, Dans ce séjour,
Vous vous immolez pour nous, chaque jour :
A l'homme mortel,
Vous offrez un aliment éternel.
— Seigneur, vos enfants Reconnaissants,
Vous offrent les plus tendres sentiments.
Leurs cœurs, sans retour,
Veulent brûler du feu de votre amour.
— Chantons tous en chœur : Gloire et honneur
A Jésus, notre aimable Rédempteur !
Chantons à jamais,
De son amour les éternels bienfaits.

N° 41.

<table>
<tr><td>

Refrain.
Ils ne sont plus les jours de larmes,
J'ai retrouvé la paix du cœur,
Depuis que j'ai goûté les charmes,
Des tabernacles du Seigneur.
— Je buvais à la coupe amère
Dont on me vantait les douceurs,
Et je délaissais, ô mon Père,
Le pain sacré du voyageur.

</td><td>

— Je ne trouvais qu'insuffisance
Dans mes plaisirs de chaque jour.
Que ne savais-je l'abondance
Du banquet divin de l'amour !
— Souvent le poids de ma faiblesse
Me faisait gémir de douleur.
Elle aurait cessé, ma tristesse,
Près de l'autel consolateur.
— Trop longtemps brebis fugitive,

</td></tr>
</table>

Je m'éloignais du bon Pasteur,
Aujourd'hui, colombe plaintive,
Il m'appelle...Il m'ouvre son cœur !
—Je ne connaîtrai plus les peines,

Je me fixe en ce séjour.
Amour sacré, rive mes chaînes,
Ici, je veux vivre d'amour.

N° 42. — PROMESSES DU BAPTÊME.

— J'engageai ma promesse au Baptême ;
Mais pour moi d'autres firent serment.
Dans ce jour, je veux parler moi-même ;
Je m'engage aujourd'hui librement.
— Je crois donc en un Dieu trois personnes ;
De mon sang je signerais ma foi.
Faible esprit, vainement tu raisonnes ;
Je m'engage à le croire, et je crois.
— A la foi de ce premier mystère,
Je joindrai la foi d'un Dieu Sauveur ;
Sous les lois de l'Eglise, ma Mère,
Je m'engage et d'esprit et de cœur.
— Sur ces fonts, dans cette eau salutaire,
Pour enfant Dieu daigna m'adopter ;
Si j'en ai souillé le caractère,
Je m'engage à le mieux respecter.
— Je renonce aux pompes de ce monde,
A la chair, à tous ses vains attraits.
Loin de moi, Satan, esprit immonde,
Je m'engage à te fuir pour jamais.
— Ah ! Seigneur, qui sait bien vous connaître,
Sent bientôt que votre joug est doux :
C'en est fait, je n'ai plus d'autre maître
Je m'engage à ne servir que vous.
— Sur vos pas, ô mon divin modèle,
Plus heureux qu'à la suite des rois,
Plein d'horreur pour ce monde infidèle,
Je m'engage à porter votre croix.
— Puisqu'enfin dans le ciel, ma patrie,
De mes biens vous serez le plus doux,
Dès ce jour, et pour toute ma vie,
Je m'engage et je suis tout à vous.

N° 43.

— Du Roi des Cieux nobles enfants,
Du Baptême, en ce jour, redisons les serments.

Refrain. Jamais, jamais nous ne plierons
    Sous le joug des démons ;
    Toujours, toujours, ô Dieu Sauveur,
    Vous aurez notre cœur.
    — Par un triste héritage,
Nous partagions d'un père criminel
    Le désastreux naufrage :
Dieu nous privait du bonheur éternel.
    — L'eau sainte a coulé sur nos fronts ;
Ne l'oublions jamais, et toujours répétons :
    — Sur les fonts du Baptême,
Sur nous le Ciel a rouvert ses trésors,
    Et Jésus-Christ lui-même
Nous a reçus pour membres de son corps.
    — Désormais, au nombre des Saints,
Nous avons droit comme eux à tous les dons divins.
    — Mais aux biens de l'Eglise
Pour avoir part, il faut vivre en chrétien,
    Quoi que le monde en dise,
Pour se sauver il n'est que ce moyen.
    — Amour donc à nos saintes lois !
Jurons de les garder, jurons tous à la fois :
    — Fiers de notre alliance,
Sachons, Chrétiens, en conserver l'esprit ;
    Et par notre innocence
Soyons toujours dignes de Jésus-Christ.

N° 44.

    — Un seul Dieu tu adoreras
    Et aimeras parfaitement, etc.
Refrain. Et souviens-toi de graver dans ton cœur,
    Pour faire ton bonheur, la sainte loi du Créateur.

N° 45. — LE DIMANCHE.

    — Du Tout-Puissant la parole féconde,
    Pour tout créer n'employa que six jours :
    Et le septième, en contemplant le monde,
    De ses travaux Dieu suspendit le cours.
    L'homme, ici-bas, pour rendre à Dieu la gloire,
    De ce repos gardera la mémoire.
Ref. Gardons-le bien le saint jour du Seigneur !
    Gardons-le bien, soyons à Dieu fidèles,
    Et dans les cieux, des fêtes éternelles
    Nous goûterons l'ineffable bonheur.

— Oui, Dieu le veut, la terre est son domaine ;
Il a parlé, nous sommes ses sujets ;
Obéissance à sa loi souveraine ;
Peuple chrétien, respectons ses décrets.
Maître du temps et des jours qu'il nous donne,
Il nous invite au repos, il l'ordonne.
— Il faut, pour vivre, en de longues journées
De notre front répandre la sueur ;
Mais sans repos nos forces épuisées
Succomberont devant tant de labeurs :
La loi de Dieu, paternelle sagesse,
De notre corps soulage la faiblesse.
— Dans les travaux des champs ou de l'usine,
En un vil gain plaçant tout son bonheur,
L'homme oublierait sa fin, son origine,
Il oublierait son âme et sa grandeur.
Dans ce saint jour, à Dieu rendant hommage,
Il comprendra qu'il est de Dieu l'image.
— Qu'il est heureux au sein de sa famille
Cet ouvrier qui cesse les travaux !
Autour de lui la douce gaîté brille,
C'est une fête et l'oubli de ses maux.
A ses enfants il montre sa tendresse,
Et dans leur cœur fait germer la sagesse !
— L'homme est un roi détrôné sur la terre,
Vous le voyez aux travaux condamné ;
Il se relève aux jours de la prière.
Il se sent libre, il n'est plus enchaîné.
Aspire au ciel, regarde ta couronne,
Brave ouvrier, Dieu te prépare un trône.
— Quand, prosterné sur les dalles du temple,
L'homme soumis vient adorer son Dieu,
L'ange du ciel, étonné, le contemple,
Ah ! c'est un frère, exilé dans ce lieu !
Un jour bientôt, en la même patrie,
Un même amour leur donnera la vie !
— Nous promettons, Seigneur, obéissance,
Nous renonçons aux travaux défendus !
Nous espérons de vous la récompense,
Nous attendons le repos des élus !
Dès ici-bas, montrez-vous notre Père,
Et loin de nous écartez la misère !

N° 46. — DEVOIRS ET DIGNITÉ DU CHRÉTIEN.

Ref. Je suis chrétien : voilà ma gloire,
Mon espérance et mon soutien,
Mon chant d'amour et de victoire ;
Je suis chrétien ! Je suis chrétien !
— Je suis chrétien : et c'est la grâce
Qui grava ce nom dans mon cœur ;

Ah ! que pas un péché n'efface
Sa douce et divine splendeur !
— Je suis chrétien : à mon baptême
L'eau sainte coula sur mon front ;
Le Seigneur, en cet instant même,
De mon cœur chassa le démon.

— Je suis chrétien : ma gloire insigne
Est la croix de mon Rédempteur;
Toujours je porterai ce signe,
Et sur mon front et sur mon cœur.

— Je suis chrétien : et la parole
Des apôtres du divin Roi,
Dans les articles du symbole,
Soutient, nourrit, règle ma foi.

— Je suis chrétien : j'ai Dieu pour Père,
A sa loi je veux obéir,
L'aimer, le servir, et lui plaire ;
Pour lui, je veux vivre et mourir.

— Je suis chrétien : sur le calvaire
Aux pieds de J.-C. mourant,
Marie est pour toujours ma mère,
Toujours je serai son enfant.

— Je suis chrétien : j'ai pour bannière
La croix de mon divin Sauveur,
Ses ennemis me font la guerre,
Mais je me ris de leur fureur.

— Je suis chrétien : je crois que Pierre
Reçut l'infaillibilité,
De Jésus-Christ c'est le vicaire,
Il doit fixer la vérité.

— Je suis chrétien : sur cette terre,
Je passe comme un voyageur;
Ici-bas tout n'est que misère,
Rien ne saurait remplir mon cœur.

— Je suis chrétien : ô ma patrie !
Beau ciel ! j'irai te voir un jour.
En Dieu je trouverai la vie,
La paix, le bonheur et l'amour ! !

N° 47.

— Quelle nouvelle et sainte ardeur
En ce jour transporte mon âme !
Je sens que l'Esprit créateur
De son feu tout divin m'enflamme.

Ref. Vive Jésus ! je crois, je suis chrétien :
Censeurs, je vous méprise ;
Lancez, lancez vos traits, je ne crains rien ;
Mon bras vainqueur les brise.

— Il faut dans un noble combat,
Pour vous, Seigneur, que je m'engage ;
Vous m'avez fait votre soldat ;
Vous m'en donnerez le courage.

— Du salut le signe sacré
Arme mon front pour sa défense ;
Devant lui l'enfer conjuré
Perdra sa funeste puissance.

— Le mépris d'un monde insensé
Pourrait-il m'alarmer encore ?
Loin de m'en trouver offensé
Je sens aujourd'hui qu'il m'honore.

— Dans sa fureur, l'impiété
Veut me ravir le Dieu que j'aime ;
Je veux, fort de la vérité,
Lui dire toujours anathème.

— On a vu de faibles agneaux
Triompher de l'aveugle rage
Et des tyrans et des bourreaux ;
Faible comme eux, Dieu m'encourage.

— Enfant des généreux martyrs,
Puissé-je égaler leur constance,
Et trouver encore des plaisirs
Au sein même de la souffrance.

— A la mort fallût-il m'offrir,
Ou perdre hélas mon innocence ;
Grand Dieu, je consens à mourir :
Ne souffrez pas que je balance.

— Chrétiens, ranimons notre ardeur,
Contemplons la palme immortelle ;
Le Ciel la promet au vainqueur :
Vivons et mourons tous pour elle.

N° 48.

— Mon cœur, en ce jour solennel,
Il faut enfin choisir un maître ;
Balancer serait criminel,
Quand Dieu seul est digne de l'être.
Refrain.
C'en est donc fait, ô Dieu Sauveur,
A vous seul je donne mon cœur.
— A qui doit-il appartenir,
Ce cœur qui vous doit l'existence ?
Que vous avez daignez nourrir
De votre immortelle substance ?
— A chercher la félicité.
Hélas ! en vain je me consume ;
Loin de vous tout est vanité,
Déplaisir, tristesse, amertume.
— Que puis-je désirer de plus ?
Je possède mon Dieu lui-même :
Ah ! tous les biens sont superflus,
Quand on jouit du bien suprême.
— Le monde prétend à tout prix
Qu'à suivre ses lois je m'engage :
Tu n'obtiendras que mon mépris,
Monde aussi trompeur que volage.
— En vain, trop séduisants plai-
[sirs,
Vous faites briller tous vos
[charmes ;
Vous trompez toujours nos désirs,
Et vous finissez par des larmes.
— Vous m'avez dit, avec douceur :
Mon enfant, prends mon joug
[aimable ;
Quand on le porte avec ardeur,
Il est léger, doux, agréable.
— Oui ! mon cœur vous est con-
[sacré ;
Je veux que toujours il vous aime :
J'en atteste le don sacré,
Qu'il tient de votre amour extrême.

N° 49.

— Le monde en vain, par ses biens et ses charmes,
Veut m'engager à plier sous sa loi :
Mais, pour me vaincre, il faut bien d'autres armes :
Je ne crains rien : Jésus est avec moi.
— Venez, venez, fiers enfants de la terre,
Déchaînez-vous pour me remplir d'effroi ;
Quand de concert vous me feriez la guerre,
Je ne crains rien : Jésus est avec moi.
— Non, non, jamais la mort la plus cruelle
Ne me fera trahir mon divin Roi :
Jusqu'au trépas je lui serai fidèle ;
Je ne crains rien : Jésus est avec moi.
— Cruel satan, arme-toi de ta rage.
Que tes démons se liguent avec toi :
Tu ne pourras abattre mon courage ;
Je ne crains rien : Jésus est avec moi.
— Divin Jésus, mon unique espérance,
Vous pouvez tout, mon Seigneur et mon Roi ;
Augmentez donc en vous ma confiance ;
Je ne crains rien : Jésus est avec moi.

N° 50.

Refr. Bravons les enfers,
Brisons tous nos fers ;
Sortons de l'esclavage,
Unissons nos voix,
Rendons à la Croix
Un sincère et public hommage.

Autre refrain.

S'il le faut, nous saurons souffrir,
  Nous saurons mourir,
Plutôt qu'abjurer la Foi du divin
                [Roi.
—Jurons haine au respect humain,
Brisons cette idole fragile ;
Sur ses débris que notre main
Elève un trône à l'Evangile.
—Chrétiens, d'une vaine terreur
Serons-nous toujours la victime ?
Qu'il soit banni de notre cœur
Le cruel tyran qui l'opprime.
—Sous le joug d'un monde censeur
Nous gémissons dès notre enfance;
Recouvrons, vengeons notre hon-
               [neur,
Proclamons notre indépendance.
—Partout flottent les étendards
Qu'arbore à nos yeux la licence ;
Faisons briller à ses regards
La bannière de l'innocence.
—Tout chrétien doit être un soldat
Rempli d'ardeur, né pour la gloire:
Quand son chef le mène au combat,
Tremblant, il fuirait la victoire !
—Tandis que sur le champ d'hon-
              [neur
La valeur signale les braves,
On me verrait, lâche et sans cœur,
Traînant les chaînes des esclaves !
—Quoi ! vous rougissez, vils mor-
             [tels,
Honteux d'être vus dans un temple,
Adorant au pied des autels
Le grand Dieu que le Ciel con-
            [temple !
—D'hommes contre vous impuis-
            [sants

Vous redoutez les vains murmures;
Que feriez-vous, si des tyrans
Il fallait subir les tortures ?
—Lâches déserteurs de la foi,
J.-C. commande à la foudre ;
Vous osez abjurer sa loi !
Craignez d'être réduits en poudre !
—Voyez sillonner les éclairs,
Entendez gronder le tonnerre ;
Le Roi des cieux est dans les airs,
Il descend pour juger la terre.
— Pâles et palpitants d'effroi,
Pour fléchir sa juste colère
Tombant aux pieds de ce grand
            [Roi,
Vous vous écriez : ô mon Père !
— « Quand vous méconnaissiez
            [ma voix, »
Vous répond le Dieu du calvaire,
« Quand vous rougissiez de ma
            [croix,
» Quel était alors votre Père ?
— » Esclaves du respect humain,
» Allez dans le fond des abîmes ;
» Allez, maudits ; sachez enfin
» Quel fut le plus grand de vos
            [crimes. »
— Tant qu'un reste de sang chré-
            [tien,
Seigneur, coulera dans mes
            [veines,
Votre parti sera le mien :
Monde, tes menaces sont vaines.
— Divin Roi, jusqu'à mon trépas
Mon cœur vous restera fidèle ;
Puisse la Croix, guidant mes pas,
Me voir vivre et mourir pour elle !

Nº 51.

Refrain.

Armons-nous; la voix du Seigneur.
Chrétiens, au combat nous appelle!
Ah ! voyez, voyez, qu'elle est belle,
La palme promise au vainqueur !
Elle est si noble, elle est si belle,
La palme promise au vainqueur !
—Tout le cours de notre existence
N'est qu'un long et rude combat;
L'homme ferme, que rien n'abat,
Seul obtiendra la récompense.

—A l'aspect de notre courage
L'enfer a frémi de courroux;
Mille ennemis fondent sur nous,
Mais nous nous rions de leur rage.
—Vain fantôme, idole fragile,
Trop funeste respect humain,
Tu nous menaces, mais en vain,
Nous tous, soldats de l'Evangile.
—Armé de l'étendard des braves,
Jésus va précéder nos pas;
Et nous préférons les combats

Aux viles chaînes des esclaves.
—Non, Seigneur, la horde enne- [mie,
Non, ces cris de vaines fureurs
Ne sauraient amollir nos cœurs;

Nous le jurons sur notre vie!
— Oui, pour prix de notre victoire,
Le Dieu pour qui nous combattons
S'apprête à couronner nos fronts
Des nobles lauriers de la gloire.

Nᵒ 52.

Ref. Marchons au combat, à la gloire,
Marchons sur les pas de Jésus,
Nous remporterons la victoire
Et la couronne des Élus.
— Pourquoi languir dans l'esclavage?
Pourquoi traîner des fers honteux?
Régner au ciel est le partage
Du chrétien brave et généreux.
— De Jésus-Christ je suis le frère,
De l'Eternel je suis le fils;
Mon cœur est plus grand que la terre :
Il me faut des biens infinis.
— Les Anges préparent des trônes
Au sein des célestes splendeurs;
Je les vois tresser les couronnes
Qui vont ceindre les fronts vainqueurs.
Aü ciel, dans la gloire immortelle,
Je vois des parents, des amis ;
J'entends leur voix qui nous appelle;
Bientôt nous serons réunis.
— Faisons flotter à notre tête
L'étendard sacré de la croix;
Volons, volons à la conquête
De l'empire du Roi des rois.
— Guerre à Satan, esprit immonde;
Guerre à l'infâme volupté ;
Guerre au mensonge, guerre au monde :
A Jésus-Christ fidélité !
— O Ciel, ô ma belle patrie,
Pour toi, je dois vivre et mourir !
Pour toi, le reste de ma vie,
Pour toi, jusqu'au dernier soupir !

Nᵒ 53. — DIEU SEUL.

Il n'est pour moi qu'un seul bien sur la terre:
Et c'est Dieu seul : Dieu seul est mon trésor.
Dieu seul! Dieu seul! allége ma misère,

Et vers Dieu seul mon cœur prendra l'essor.
Je bénis sa tendresse. Je répète sans cesse
Ce cri d'amour, cet élan d'un grand cœur :
Dieu seul, Dieu seul, voilà le vrai bonheur !
— Dieu seul, Dieu seul guérit toute blessure ;
Dieu seul, Dieu seul est un puissant secours ;
Dieu seul suffit à l'âme droite et pure,
Et c'est Dieu seul qu'elle cherche toujours,
Doux transport de mon âme ;
Ah ! je sens qu'il m'enflamme,
Ce cri d'amour, cet élan d'un grand cœur :
Dieu seul, Dieu seul, voilà le vrai bonheur.
— Quel déplaisir pourra jamais atteindre
Cet heureux cœur, que Dieu seul peut charmer ?
Grand Dieu ! quels maux ce cœur pourra-t-il craindre ?
Il n'en est point pour qui sait vous aimer.
Aimer un si bon Père, C'est commencer sur terre
Ce chant d'amour de la sainte Cité :
Dieu seul ! Dieu seul ! pour une éternité !

N° 54.

J'adore en tout la Providence,
Dieu soit béni ! Dieu soit béni !
Qu'on cherche à me ravir la vie,
Dieu soit béni ! Dieu soit béni !
Si je perds des amis sincères,
Ou des parents : Dieu soit béni !
Pour moi, le plus tendre des Pères,
Est le Seigneur : Dieu soit béni !
— En tous temps, pourquoi sur la
[terre,
Ne pas dire : Dieu soit béni !
Toujours Dieu, comme un tendre
[père,
Veille sur nous : Dieu soit béni !
Si lui-même ne le décrète,
Ce Dieu, d'un amour infini,
Un seul cheveu de notre tête
Ne tombe pas : Dieu soit béni !
— Dans sa douloureuse agonie,
Le Sauveur dit : Dieu soit béni !
Par amour il se sacrifie,
En s'écriant : Dieu soit béni !
Il accepte l'amer calice,
Et son cœur dit : Dieu soit béni !
Que sa volonté s'accomplisse.
Dieu soit béni ! Dieu soit béni !

N° 55.

— Goûtez, âmes ferventes,
Goûtez votre bonheur ;
Mais demeurez constantes
Dans votre sainte ardeur.
Ref. Heureux le cœur fidèle,
Où règne la ferveur !
Il possède avec elle
Tous les dons du Seigneur.
— Elle est le vrai partage
Et le sceau des Elus ;
Elle est l'appui, le gage,
Et l'âme des vertus.
— Par elle, la foi vive
S'allume dans les cœurs,
Et sa lumière active
Guide et règle nos mœurs.
— Par elle, l'espérance
Ranime ses soupirs,
Et croit jouir d'avance
Des célestes plaisirs.
— Par elle, dans les âmes
S'accroît de jour en jour,
L'activité des flammes
Du pur et saint amour.

— C'est sa vertu puissante
Qui garantit nos sens
De l'amorce attrayante
Des plaisirs séduisants.
— C'est sous sa vigilance
Que l'esprit et le cœur
Gardent leur innocence
Et souvent leur pudeur.
— C'est elle qui de l'âme
Dévoile la grandeur,
Et le zèle s'enflamme
Par sa vive chaleur.
— De l'âme pénitente
Elle adoucit les pleurs,
Et de l'âme souffrante
Elle éteint les douleurs.
— Celui qui fut docile
A vivre sous ses lois,
Courut d'un pas agile
La route de la Croix.
— Par elle, du martyre
Les sanglantes rigueurs,

Au cœur, qui le désire,
N'offrent que des douceurs.
— Elle est, pour qui seconde
Ses généreux efforts,
Une source féconde
De célestes trésors.
— Une larme sincère,
Un seul soupir du cœur,
Par elle a de quoi plaire
Aux yeux purs du Seigneur.
— C'est elle qui prépare
Tous ces traits de beauté,
Dont la main de Dieu pare
Les Saints dans sa clarté.
— Sous ces heureux auspices
On goûte les bienfaits,
Les charmes, les délices
De la plus douce paix.
— Mais sans sa vive flamme
Tout déplaît, tout languit;
Et la beauté de l'âme
Se fane et dépérit.

Nᵒ 56.

Refrain. Le soleil vient de finir sa carrière,
Comme un instant ce jour s'est écoulé,
Jour après jour, ainsi la vie entière
S'écoule et passe avec rapidité.
— A chaque instant l'éternité s'avance,
Travaillons-nous à nous y préparer?
De nos péchés faisons-nous pénitence?
De la vertu suivons-nous le sentier?
— Si cette nuit, le souverain Arbitre
Nous appelait devant son tribunal,
A sa clémence avons-nous quelque titre?
Que lui répondre en cet instant fatal?
— Le cœur brisé d'un repentir sincère,
Pleurons, pleurons les fautes de ce jour.
Du Dieu vengeur désarmons la colère,
Un cœur contrit regagne son amour.

Nᵒ 57. — AVENT. MYSTÈRES DE N.-S.

Ref. Venez, divin Messie,
Sauvez nos jours infortunés,
Venez, source de vie,
Venez, venez, venez!
— Ah! descendez, hâtez vos pas,
Sauvez les hommes du trépas;
Secourez-nous; ne tardez pas.
— Ah! désarmez votre courroux;
Nous soupirons à vos genoux,
Seigneur, nous n'espérons qu'en
[vous,
Pour nous livrer la guerre,

Tous les enfers sont déchaînés;
Descendez sur la terre, Venez:..
—Que nos soupirs soient entendus:
Les biens que nous avons perdus
Ne nous seront-ils pas rendus?
Voyez couler nos larmes :
Grand Dieu, si vous nous par-
[donnez,
Nous n'aurons plus d'alarmes :
Venez, venez, venez !
— Si vous venez en ces bas lieux,
Nous vous verrons, victorieux,
Fermer l'enfer, ouvrir les Cieux.
Nous l'espérons sans cesse,
Les Cieux nous furent destinés;
Tenez votre promesse : Venez...
— Ah! puissions-nous chanter
[un jour,
Dans votre bienheureuse cour,
Et votre gloire et votre amour!
C'est là l'heureux partage
De ceux que vous prédestinez:
Donnez-nous-en un gage : Venez..!

N° 58. — NOEL.

Refr. Amour, honneur, louanges
Au Dieu Sauveur, dans son
[berceau ;
Chantons, avec les Anges,
Un cantique nouveau.
— Si cet Enfant verse des pleurs,
C'est pour attendrir les pécheurs,
Et mettre fin à nos malheurs :
Chargé de notre offense
Il calme le courroux des Cieux ;
La paix, par sa naissance,
Va régner en tous lieux.
— Si notre cœur est dans l'ennui,
Nous ne devons chercher qu'en lui
Et notre force et notre appui ;
Loin de nous les alarmes,
Le trouble et les soucis fâcheux :
Un jour si plein de charmes
Doit combler tous nos vœux.
— Quand il nous voit près de périr,
Pour nous lui-même il veut s'offrir
Et par sa mort vient nous guérir.
A l'ardeur qui le presse,
Joignons nos généreux efforts.
Et que, de sa tendresse,
Tout suive les transports.
—Ne craignons plus le noir séjour,
Ce Dieu, qui naît pour notre
[amour,
Nous ouvre la céleste cour,
Le démon, plein de rage,
A beau frémir dans les enfers,
De son dur esclavage
Nous briserons les fers.

N° 59.

— Minuit, Chrétiens, c'est l'heure solennelle,
Où l'Homme-Dieu descendit jusqu'à nous,
Pour effacer la tache originelle,
Et de son Père arrêter le courroux.
Le monde entier tressaille d'espérance,
A cette nuit, qui lui donne un Sauveur,
Peuple, à genoux ! attends ta délivrance.
Noël ! Noël ! voici le Rédempteur ! !
— Le Rédempteur a brisé toute entrave,
La terre est libre et le Ciel est ouvert;
Il voit un frère où n'était qu'un esclave :
L'amour unit ceux qu'enchaînait le fer.
Qui lui dira notre reconnaissance?
C'est pour nous tous qu'il naît, qu'il souffre et meurt.
Peuple, debout! chante ta délivrance.
Noël ! Noël ! voici le Rédempteur ! ! !

N° 60.

Refr. Il est né le divin Enfant;
Jouez, hautbois ; résonnez ,
[musettes.
Il est né le divin Enfant :
Chantons tous son avènement.
— Depuis plus de quatre mille ans,
Nous le promettaient les pro-
[phètes;
Depuis plus de quatre mille ans,
Nous attendions cet heureux temps
— Ah ! qu'il est beau, qu'il est
[charmant !
Ah ! que ses grâces sont parfaites !
Ah ! qu'il est beau , qu'il est
[charmant !

Qu'il est doux, ce divin Enfant.
— Une étable est son logement ;
Un peu de paille est sa couchette;
Une étable est son logement :
Pour un Dieu, quel abaissement !
— Il veut nos cœurs, il les attend,
Il vient en faire la conquête;
Il veut nos cœurs, il les attend,
Qu'ils soient à lui dès ce moment!
— O Jésus, ô Roi tout-puissant,
Tout petit enfant que vous êtes;
O Jésus, ô Roi tout-puissant,
Régnez sur nous entièrement.

N° 61.

— Que j'aime ce divin Enfant !
Qu'en cette étable il est charmant !
Je l'aime ! O l'adorable Enfant !
  C'est l'amour même.
— Son amour l'a nommé Jésus :
C'est le modèle des Elus :
Je l'aime ! Imitons ses vertus ;
  C'est l'amour même.
— Au milieu d'un pauvre appareil,
Il est plus beau que le soleil.
Je l'aime ! C'est l'astre sans pareil !
  C'est l'amour même.
— Quel exemple de pauvreté !
De souffrance et d'humilité !
Je l'aime ! Quel excès de bonté !
  C'est l'amour même.

— C'est mon Dieu, mon Maître
[et mon Roi ;
C'est mon espérance et ma foi ;
Je l'aime ! C'est là toute ma loi :
  C'est l'amour même.
— C'est mon Frère et mon Ré-
[dempteur,
C'est l'espoir du pauvre pécheur ;
Je l'aime ! C'est l'ami de mon cœur;
  C'est l'amour même.
— Anges, qui lui faites la cour,
Embrasez-moi de votre amour;
Je l'aime ! Pour chanter nuit et
[jour :
  C'est l'amour même.

N° 62.

Les Anges, dans nos campagnes,
Ont entonné l'hymne des Cieux,
Et l'écho de nos montagnes
Redit ce chant mélodieux :
  Gloria in excelsis Deo !
— Bergers, pour qui cette fête ?
Quel est l'objet de tous ces chants ?
Quel vainqueur, quelle conquête
Mérite ces cris triomphants ?
— Ils annoncent la naissance
Du libérateur d'Israël,

Et, pleins de reconnaissance,
Chantent dans ce jour solennel :
— Venez, accourons dans l'étable;
Venez, entourons son berceau;
Pour louer l'Enfant adorable,
Chantons un cantique nouveau.
— Dans l'humilité profonde
Où vous paraissez à nos yeux,
Pour vous louer, Roi du monde,
Nous redirons ce chant joyeux.

N° 63.

— Le Fils du Roi de gloire
Est descendu des cieux ;
Que nos chants de victoire

Résonnent dans ces lieux.
Il dompte les enfers,
Il calme nos alarmes,

Il tire l'univers Des fers,
Et pour jamais
Lui rend la paix :
Ne versons plus de larmes.
— L'amour seul l'a fait naître
Pour le salut de tous,
Il fait par là connaître
Ce qu'il attend de nous.
Un cœur brûlant d'amour
Est le plus bel hommage.
Faisons-lui, tour à tour, La cour ;
Dès aujourd'hui
N'aimons que lui,
Qu'il soit notre partage.
— Vains honneurs de la terre,
Je veux vous oublier ;
Le maître du tonnerre

Vient de s'humilier.
De vos trompeurs appâts
Je saurai me défendre ;
Allez, n'arrêtez pas, Mes pas ;
Monde flatteur,
Monde enchanteur,
Je ne veux plus t'entendre.
— O Jésus ! de mon âme
Votre cœur est jaloux ;
N'y souffrez point de flamme
Qui ne brûle pour vous.
Que voit-on dans ces lieux,
Que misère et bassesse ?
Je ne porte mes yeux
     Qu'aux cieux.
A votre loi, céleste Roi,
J'obéirai sans cesse.

N° 64. — SAINT NOM DE JÉSUS.

— Vive Jésus ! c'est le cri de mon âme :
Vive Jésus ! c'est le Dieu des vertus :
Aimable nom, quand ma voix te réclame,
D'un nouveau feu pour toi mon cœur s'enflamme :
          Vive Jésus !
— Vive Jésus ! c'est un cri d'espérance
Pour les pécheurs repentants et confus ;
Sur eux du Ciel attirant la clémence,
Ce nom sacré soutient leur pénitence : Vive Jésus !
— Vive Jésus ! à ce cri de vaillance,
Je verrai fuir les démons éperdus.
Un mot suffit pour dompter leur puissance,
Pour terrasser leur superbe insolence : Vive Jésus !
— Vive Jésus ! cri de reconnaissance
D'un cœur touché des biens qu'il a reçus ;
L'enfer veut-il troubler sa confiance ?
Il dit encore avec plus d'assurance : Vive Jésus !
— Vive Jésus ! c'est le cri qui rallie
Sous les drapeaux le peuple des élus.
Suivre Jésus, c'est aussi mon envie ;
Suivre Jésus, c'est mon bien, c'est ma vie : Vive Jésus !
— Vive Jésus ! c'est le cri de victoire
Des bienheureux que le Ciel a reçus ;
De leurs combats consacrant la mémoire,
Ce nom puissant éternise leur gloire : Vive Jésus !
— Vive Jésus ! vive sa tendre Mère !
Elle est aussi la Mère des Elus.
Si nous voulons et l'aimer et lui plaire,
Chantons Jésus, notre Dieu, notre Frère : Vive Jésus !

N° 65. — PASSION.

—Au sang qu'un Dieu va répandre,
Ah ! mêlez du moins vos pleurs,
Chrétiens, qui venez entendre
Le récit de ses douleurs.
Puisque c'est pour vos offenses
Que ce Dieu souffre aujourd'hui,
Animés par ses souffrances,
Vivez et mourez pour lui.
— Dans un jardin solitaire
Il sent de rudes combats,
Il prie, il craint, il espère :
Son cœur veut et ne veut pas ;
Tantôt la crainte est plus forte,
Tantôt l'amour est plus fort ;
Mais enfin l'amour l'emporte,
Et lui fait choisir la mort.
— Judas, que la fureur guide,
L'aborde d'un air soumis ;
Il l'embrasse... et ce perfide
Le livre à ses ennemis.
Judas, un pécheur t'imite
Quand il feint de l'apaiser :
Souvent sa bouche hypocrite
Le trahit par un baiser.
— On l'abandonne à la rage
De cent tigres inhumains ;
Sur son aimable visage
Les soldats portent leurs mains.
Vous deviez, anges fidèles,
Témoins de ces attentats,
Ou le mettre sous vos ailes,
Ou frapper tous ces ingrats.
— Ils le traînent au grand-prêtre,
Qui seconde leur fureur,
Et ne veut le reconnaître
Que pour un blasphémateur !
Quand il jugera la terre,
Ce Sauveur aura son tour ;
Aux éclats de son tonnerre,
Tu le connaîtras un jour.
— Tandis qu'il se sacrifie,
Tout conspire à l'outrager ;
Pierre lui-même l'oublie
Et le traite d'étranger,
Mais Jésus perce son âme
D'un regard tendre et vainqueur
Et met d'un seul trait de flamme
Le repentir dans son cœur.
— Chez Pilate on le compare
Au dernier des scélérats !
Qu'entends-je ? ô peuple barbare,
Tes cris sont pour Barabas !

Quelle indigne préférence !
Le juste est abandonné ;
On condamne l'innocence
Et le crime est pardonné.
— On le dépouille, on l'attache,
Chacun arme son courroux.
Je vois cet agneau sans tache
Tombant presque sous les coups.
C'est à nous d'être victimes ;
Arrêtez, cruels bourreaux,
C'est pour effacer vos crimes
Que son sang coule à grands flots.
— Une couronne cruelle
Perce son auguste front :
A ce chef, à ce modèle,
Mondains, vous faites affront.
Il languit dans les supplices,
C'est un homme de douleurs ;
Vous vivez dans les délices,
Vous vous couronnez de fleurs.
—Il marche, il monte au calvaire,
Chargé d'un infâme bois.
De là, comme d'une chaire,
Il fait entendre sa voix :
« Ciel dérobe à ta vengeance
» Ceux qui m'osent outrager. »
C'est ainsi quand on l'offense
Qu'un chrétien doit se venger.
— Une troupe mutinée
L'insulte et crie à l'envi
« Qu'il change sa destinée,
» Et nous croirons tous en lui ! »
Il peut la changer sans peine,
Malgré vos nœuds et vos clous ;
Mais le nœud qui seul l'enchaîne,
C'est l'amour qu'il a pour nous.
— Ah ! de ce lit de souffrance,
Seigneur, ne descendez pas :
Suspendez votre puissance,
Restez-y jusqu'au trépas.
Mais tenez votre promesse,
Attirez-nous après vous ;
Pour prix de votre tendresse
Puissions-nous y mourir tous.
— Il expire, et la nature
En lui pleure son auteur ;
Il n'est point de créature
Qui ne marque sa douleur.
Un spectacle si terrible
Ne pourra-t-il me toucher,
Et serais-je moins sensible
Que n'est le plus dur rocher ?

N° 66. — SAINTE CROIX.

—Vive Jésus ! Vive sa Croix,
Oh ! qu'il est bien juste qu'on l'aime,
Puisqu'en expirant sur ce bois,
Il nous aima plus que lui-même !
Refrain.
Chrétiens, chantons à haute voix :
Vive Jésus ! Vive sa Croix !
—Vive Jésus ! Vive sa Croix !
Le Sauveur l'ayant épousée,
Elle n'est plus, comme autrefois,
Objet d'horreur et de risée.
— Vive Jésus ! Vive sa Croix !
Arbre dont le fruit salutaire
Répare le mal qu'autrefois
Nous fit celui du premier père.
— Vive Jésus ! Vive sa Croix !
De tous nos biens source féconde,
Qui dans le sang du Roi des rois
A lavé les péchés du monde.
— Vive Jésus ! Vive sa Croix !
Où notre Sauveur débonnaire,
Par ses langueurs et ses abois,
Satisfit pour nous à son Père.

— Vive Jésus ! Vive sa Croix !
C'est le sceptre du Roi de gloire ;
Il règne, il triomphe en ce bois ;
C'est le signe de sa victoire.
— Vive Jésus ! Vive sa Croix !
La chaire de son éloquence,
Où, me prêchant ce que je crois,
Il m'apprend tout par son silence.
—Vive Jésus ! Vive sa Croix !
Ce n'est pas le bois que j'honore ;
Mais c'est le Sauveur en ce bois,
Que je respecte et que j'adore.
— Vive Jésus ! Vive sa Croix !
Elle est mon unique espérance,
Puisque c'est à son poids
Qu'on pèsera ma récompense.
— Vive Jésus ! Vive sa Croix !
C'est le chemin de la patrie ;
C'est l'échelle par où je dois
Monter de la mort à la vie.
— Vive Jésus ! Vive sa Croix !
Prenons-là pour notre partage ;
Ce juste, cet aimable choix
Conduit au céleste héritage.

N° 67. — PAQUES.

—Jésus paraît en vainqueur ;
Sa bonté, sa douceur
Est égale à sa grandeur ;
Jésus paraît en vainqueur,
En ce jour donnons-lui notre cœur.
Malgré nos forfaits,
Ses dons, ses bienfaits,
Ses divins attraits
Ne nous parlent que de paix.
Pleurons nos forfaits,
Chantons ses bienfaits :
Rendons-nous à ses charmants [attraits.
— Chrétiens, joignez vos con-
Jésus chargé de fers [certs !
La mort, fille des enfers.
Chrétiens, joignez vos concerts !
Que son nom réjouisse les airs !
Juste ciel, quel choix !
Quoi ! le Roi des rois
A dû, par sa croix,
Au ciel acquérir des droits !
Embrassons la croix :
Que ce libre choix
Au Ciel assure à jamais nos droits !

— Je vois la mort sans effroi ;
Mon Seigneur et mon Roi
En a triomphé pour moi ;
Je vois la mort sans effroi ;
Ce mystère est l'appui de ma foi.
Ah ! si tour à tour,
Lâche et sans amour,
Jusques à ce jour,
Je n'ai payé nul retour,
Du moins en ce jour,
Ah ! pour tant d'amour
Je veux payer un juste retour.
— Il va descendre des cieux ;
Ce Sauveur glorieux
Va s'abaisser en ces lieux.
Il va descendre des cieux ;
Que nos cœurs brûlent des plus [doux feux !
Au jour des douleurs,
Où sur nos malheurs
Il versait des pleurs,
Nous attendrissions nos cœurs :
Ah ! plus de douleurs !
A ses pieds vainqueurs [fleurs.
A pleines mains répandons des

N° 68. — DÉSIR DU CIEL.

—Jésus, mon soutien, mon espoir,
Pourquoi prolongez-vous ma vie;
Aimable Jésus, pour vous voir,
Quand me sera-t-elle ravie?
Ref. Hélas! quand viendra l'heu-
[reux jour,
Où, mon Jésus! j'expirerai d'a-
[mour?
— Loin de la céleste Sion
Je gémis, je meurs de tristesse :

Tout me fuit dans mon abandon,
La paix, le bonheur, l'allégresse.
—Aux vœux ardents de mon amour
Ouvrez-vous, portes éternelles,
Recevez-moi, divin séjour,
Au sein des clartés immortelles.
— Si pour expier mes forfaits,
Je languis loin de ma patrie,
Au moins à chanter vos bienfaits
Je veux passer toute ma vie.

N° 69. — AMENDE HONORABLE.

— Au pied des saints autels, pleurons amèrement;
Adorons Jésus-Christ, au divin Sacrement;
On l'oublie, ô douleur! on l'insulte, on l'outrage!
Vous du moins qui l'aimez, venez lui rendre hommage.
— Quelle froideur pour vous, ô Dieu de l'univers!
Trop souvent, ô Jésus, vos temples sont déserts :
D'adorateurs zélés, à peine un petit nombre,
Des beaux jours de la foi, nous retracent quelque ombre.
— Pourquoi donc parmi nous fixer votre séjour?
Pourquoi ne nous donner que des marques d'amour;
Dans ces asiles saints, où mille irrévérences,
Devraient faire éclater vos trop justes vengeances.
— « Ah! je suis outragé par mes propres amis,
» Je les vois se ranger parmi mes ennemis. »
Ainsi se plaint Jésus, à vous, âmes fidèles,
Réparez en ce jour ces injures cruelles.
— Seigneur, ayez pitié de ces pauvres pécheurs,
Et déchargez sur nous les coups de vos fureurs;
Pardon, cœur de Jésus, cœur tendre, cœur aimable,
Ah! ne rejetez pas notre amende honorable.

N° 70. — CŒUR DE JÉSUS.

— J'entends Jésus nous redire sans cesse,
Tout à la fois suppliant et vainqueur :
« Mon Cœur, pour vous, déborde de tendresse,
» Enfants chéris, donnez-moi votre cœur! »
Refr. Cœur de Jésus, sanctuaire ineffable,
Divin foyer de l'éternel amour!
Cœur de Jésus, des cœurs le plus aimable,
Embrasez-moi de vos feux, en ce jour!
— Vous le voulez, Seigneur, ce cœur fragile!

Il était pur quand vous l'avez formé ;
Mais il n'est plus qu'une poussière vile,
Et vous daignez pourtant en être aimé !
— Pourquoi jeter vos regards sur la terre,
Et demander nos cœurs comme un trésor ?
N'avez-vous pas le Cœur de votre Mère,
Au ciel, ne vous aime-t-il pas encor ?
— C'est que l'amour en vous est sans mesure ;
Embrassant tout dans votre immense ardeur,
Vous répandez sur toute créature
Un avant-goût de l'éternel bonheur.
— Prenez-le donc et qu'il vous appartienne,
Ce pauvre cœur qui veut vous être uni :
Que votre main puissante le retienne
Dans les liens de l'amour infini !
— Soyons si bien confondus l'un dans l'autre,
Que jamais rien ne nous sépare plus,
Et je dirai, comme le grand Apôtre :
« Qui donc pourra m'arracher à Jésus ! »

N° 71.

— Je vois Jésus, sa croix de sang humide,
Ses mains, ses pieds percés d'énormes clous,
Son cœur ouvert, son visage livide,
Ses yeux éteints... Il est mort... C'est pour nous !
— Mais c'est sa voix que mon cœur aime entendre :
« Vois, mon enfant, combien tu m'as coûté !
» A mon amour ne veux-tu pas te rendre ?
» Ah ! cesse enfin d'outrager ma bonté. »
— Oui, je me rends, ô Sauveur adorable ;
Oui, pour toujours je renonce au péché,
Et désormais, ô Père tout aimable,
A votre croix je veux être attaché.
— Je monterai sur vos pas au calvaire :
Ne dois-je pas avec vous m'immoler ?
Quand de son sang mon Dieu rougit la terre,
Pécheur, mon sang ne doit-il pas couler ?

N° 72. — CŒUR DE MARIE.

Cœur sacré de Marie,
Cœur tout brûlant d'amour,
Cœur, que la terre envie
Au céleste séjour,
Communique à nos âmes
Un rayon de ce feu,
De ces heureuses flammes
Dont tu brûlas pour Dieu.
— Sanctuaire ineffable
Où reposa Jésus,

O source intarissable
De toutes les vertus,
Donnez-nous, Vierge pure,
Pour plaire au doux Sauveur,
Une âme sans souillure,
A l'envi de ton cœur.
— Percé sur le calvaire
D'un glaive de douleurs,
Tendre Cœur, sur la terre,
Tu ne vois que froideurs.
Ah! puissent nos hommages,

Ici-bas expier
Tant de sanglants outrages,
Qu'on te fait essuyer.
— Montre-toi notre Mère;
De tes enfants chéris
Reçois l'humble prière
Pour l'offrir à ton Fils.
Conduis-nous sous ton aile
Jusqu'au cœur de Jésus;
Une mère peut-elle
Essuyer un refus?

N° 73. — SAINTE VIERGE MARIE.

— Je mets ma confiance,
Vierge, en votre secours :
Servez-moi de défense,
Prenez soin de mes jours;
Et quand ma dernière heure
Viendra fixer mon sort,
Obtenez que je meure
De la plus sainte mort.
— A votre bienveillance,
O Vierge, j'ai recours,
Soyez mon assistance
En tous lieux et toujours;
Vous-même êtes ma Mère,
Jésus est votre Fils;
Portez-lui la prière
De vos enfants chéris.
— Sainte Vierge Marie,
Asile des pécheurs,
Prenez part, je vous prie,
A mes justes frayeurs;
Vous êtes mon refuge,
Votre Fils est mon Roi,
Mais il sera mon Juge,
Intercédez pour moi.

— Ah! soyez-moi propice,
Quand il faudra mourir :
Apaisez sa justice,
Je crains de la subir.
Mère pleine de zèle,
Protégez votre enfant;
Je vous serai fidèle
Jusqu'au dernier moment.
— Je promets, pour vous plaire,
O Reine de mon cœur,
De ne jamais rien faire
Qui blesse votre honneur.
Je veux que, par hommage,
Ceux qui me sont sujets,
En tous lieux, à tout âge,
Prennent vos intérêts.
— Voyez couler mes larmes,
Mère du chaste amour,
Finissez mes alarmes
Dans ce triste séjour.
Venez rompre mes chaînes,
Je veux aller à vous;
Aimable Souveraine,
Régnez, régnez sur nous.

N° 74.

— Je vous salue, auguste et sainte Reine,
Dont la beauté ravit les immortels!
Mère de grâce, aimable Souveraine,
Je me prosterne au pied de vos autels.
Refr. Tendre Marie! O mon bonheur!
Toujours chérie! Vous vivrez dans mon cœur.
— Je vous salue, ô divine Marie!
Vous méritez l'hommage de nos cœurs :
Après Jésus, vous seule êtes la vie,
Et le refuge, et l'espoir des pécheurs.
— Fils malheureux d'une coupable mère,

Bannis du ciel, les yeux baignés de pleurs,
Nous vous faisons, de ce lieu de misère,
Par nos soupirs entendre nos douleurs.
— Ecoutez-nous, puissante protectrice,
Tournez sur nous vos yeux compatissants,
Et montrez-nous qu'à nos malheurs propice,
Du haut des Cieux vous aimez vos enfants.
— O douce, ô tendre, ô pieuse Marie !
Vous dont Jésus, mon Dieu, reçut le jour,
Faites qu'après l'exil de cette vie
Nous le voyions dans l'éternel séjour.

N° 75.

— Mère de Dieu, reçois l'offre sincère
Que je te fais de mon plus tendre amour ,
Je t'aimerai, comme ma bonne Mère,
Toujours, toujours, jusqu'à mon dernier jour.
— Anges, soyez témoins de ma promesse,
Cieux, écoutez ce serment solennel :
« Oui, c'en est fait, mon cœur, plein de tendresse,
» Jure à Marie un amour éternel. »
— Si je devais, infidèle et volage,
Un seul moment cesser de te chérir,
Tranche mes jours, à la fleur de mon âge ;
Je t'en conjure, ah ! laisse-moi mourir.

N° 76.

Ref. Bonne Marie, Mère chérie,
Vous me voulez pour votre enfant :
Bonne Marie, Mère chérie,
Je le suis... j'en fais le serment.
— Du Ciel, à mon âme ravie
J'entends redire à tout instant :
« Mon fils, seras-tu de Marie,
» Pour jamais... seras-tu l'enfant ?
— » Pour toi, mon amour est sin-
[cère,
» Pour moi, le tien l'est-il autant ?
» Moi, je t'aime comme une mère,
» Toi, m'aimes-tu comme un enfant ?

— » Du monde, si la voix impie
» Te dit : renonce à ton serment,
» Réponds-lui : je suis à Marie,
» Pour jamais... je suis son enfant.
— » Et quand un jour, à la lumière
» Se fermera ton œil mourant,
» Ne crains pas que ta bonne Mère
» Abandonne alors son enfant.
— » Conduit par moi dans la patrie,
» Où l'éternel bonheur t'attend,
» Tu t'écrieras : Oh ! de Marie,
» Oh ! qu'il est doux d'être l'en-
[fant. »

N° 77.

— Chrétiens, qui combattons aujourd'hui sur la terre,
Souvenons-nous toujours au milieu du danger,
Souvenons-nous qu'au ciel nous avons une mère
Dont le bras tout-puissant saura nous protéger.

Refrain. N.-D. de la Victoire De l'enfer triomphe en ce jour:
Encore un chant de gloire, Encore un chant d'amour!
— Plaçons en elle seule une ferme espérance;
Que nos cœurs dévoués l'aiment jusqu'au trépas,
Et que de notre sein son nom béni s'élance
Pour nous rallier tous au plus fort des combats.
— C'est la tour de David, inexpugnable asile
Qui du démon jaloux brave tous les assauts;
C'est l'arche défiant, dans sa marche tranquille,
Et la fureur des vents et la rage des flots.
— Dans les temps où l'erreur dominait sur le monde,
Quand l'Église luttait contre tous les tyrans,
Vous priiez, ô Marie, et la grâce féconde
Enfantait chaque jour de nouveaux combattants.
— Plus tard, si l'hérésie arbore sa bannière,
Si l'antique serpent soudain s'est redressé,
Vierge, vous paraissez... Satan dans la poussière
Sous votre pied vainqueur se débat écrasé.
— O Vierge immaculée et mille fois bénie,
Ajoutez à vos dons un don plus précieux :
Faites qu'après le cours d'une pieuse vie,
Et pasteur et troupeau soient reçus dans les cieux.
— Et si le monde encor contre nous se déchaîne,
S'il brave le Très-Haut, s'il outrage ses lois,
Marie, apprenez-nous à mépriser la haine
De tous ses ennemis qui blasphèment la croix.
— Donnez à vos enfants la force et le courage,
Un courage à l'épreuve et du fer et du feu,
Prêts à sacrifier, si la lutte s'engage,
Nos âmes et nos corps en holocauste à Dieu.

N° 78.

Ref. Nous le jurons, ô notre Mère :
Nous voulons être tes soldats,
Et si l'enfer nous fait la guerre,
Protége-nous dans les combats.
Autre Refrain.
Vierge, reçois cette couronne;
Fais qu'elle soit le gage heureux
De celle qu'auprès de ton trône,
Tu nous réserves dans les Cieux.
— A ton service, Auguste Reine,
Pour toujours nous nous consa-
[crons.
Jamais, aimable Souveraine,
Jamais nous ne te trahirons.
Par une lâche apostasie,
Nous t'offenserions désormais?...
Quoi! blesser ton cœur, ô Marie!
Tes enfants n'oseront jamais!

— Quand un infortuné t'appelle,
L'amour précipite tes pas.
De tous côtés, Vierge fidèle,
Que de pleurs ne taris-tu pas!
C'en est fait, d'un amour sincère
Nous voulons t'aimer désormais :
Quoi! t'affliger, ô bonne Mère!
Tes enfants n'oseront jamais !
— A tes pieds, divine Marie,
Tu vois nos cœurs en ce beau jour;
Tu vois de notre âme attendrie,
Vers toi s'élancer notre amour :
Nous ne voulons plus nous sou-
[straire
A tes admirables bienfaits;
Quoi! t'affliger, ô bonne Mère !
Tes enfants n'oseront jamais!
(Jamais, jamais, jamais.)

No 79.

— Je l'ai juré! j'appartiens à Marie,
Après Jésus, elle a tout mon amour;
A l'honorer je consacre ma vie;
Je l'aimerai jusqu'à mon dernier jour.
Refrain. Je l'ai juré! C'est pour la vie!
    Mon serment est sacré! J'appartiens à Marie.
— Je l'ai juré! De mon aimable Mère
Je graverai les doux traits dans mon cœur;
A retracer une image si chère
Mon tendre amour mettra tout son bonheur.

No 80.

Refrain. Je suis l'enfant de Marie;
Et ma Mère chérie me bénit chaque jour.
    Je suis l'enfant de Marie;
C'est le cri de mon cœur, c'est mon refrain d'amour
— Qu'il est heureux, ô tendre mère!
Celui qui t'a donné son cœur!
Est-il un état sur la terre
Qui puisse égaler son bonheur?
— Que craindra l'enfant de Marie?
Sa Mère est la Reine des Cieux,
Et du cœur humble qui la prie,
Elle aime à bénir tous les vœux.

No 81.

— D'être enfants de Marie, Il nous est si doux!
Jeune troupe chérie, Invoquons-la tous!
Ref. Chantons ses louanges, Chacun tour à tour;
Imitons les Anges Tout brûlants d'amour.
A l'auguste Marie, Il faut, en ce jour,
Consacrer, pour la vie, Nos cœurs sans retour.
— Au pied de votre image Voyez vos enfants :
Ils vous rendent hommage En vous bénissant.

No 82.

Ref. Sainte Vierge Marie, Aimable Mère du Sauveur!
Je vous consacre pour la vie L'hommage de mon cœur.
— Sainte Vierge Marie, Voyez, voyez couler mes pleurs.
Priez pour moi dans la patrie, Priez pour un pauvre pé-
[cheur.
— Sainte Vierge Marie, Vous êtes la porte du Ciel;
Obtenez qu'à mon agonie, J'entre en ce séjour immortel.

N° 83.

— Faibles mortels, que l'espérance
Calme nos peines, nos douleurs !
Le Ciel sur nous dans sa clémence,
Verse de nouvelles faveurs.
D'un nom chéri la douce gloire
Vient d'apparaître à l'univers :
Marie a vaincu les enfers,
Et nous la proclamons : Reine de
[la victoire.

Ref. Toujours, Mère de Dieu,
Oui, toujours, à nos cœurs
Ta bannière sera chère,
Et ta douce lumière
Guidant nos pas vainqueurs,
Notre vie, ô Marie,
Méritera ton amour, tes faveurs.

N° 84.

— Vierge sainte, du haut des Cieux,
Daignez sur moi jeter les yeux ;
Exaucez mon humble prière,
    O bonne Mère !
— Obtenez-moi d'aimer Jésus
Et de pratiquer vos vertus,

De me détacher de la terre,
    O sainte Mère !
— Priez qu'à l'heure du trépas,
Je puisse expirer dans vos bras ;
Fermez vous-même ma paupière,
    O douce Mère !

N° 85.

— Salut, ô Vierge immaculée,
Brillante étoile du matin,
Que l'âme ici-bas exilée
N'a jamais invoquée en vain.
De tes enfants exauce les prières,
Du haut du ciel daigne les protéger.
Ref. Mère bénie entre toutes les
[mères,
Sois-nous propice à l'heure du
[danger.
— Quand loin de cet aimable asile
De l'innocence et du bonheur,
Où tu sais nous rendre facile

La loi sainte d'un Dieu Sauveur,
Mille ennemis, mille cruelles
[guerres
Nous rendront lourd ce fardeau
[si léger.
— Veille sur nous, tendre Marie,
Surtout à l'heure du trépas,
Fais qu'en la céleste patrie
Ton Fils nous reçoive en ses bras.
Quand, précédé d'éclairs et de
[tonnerres,
Avec rigueur il viendra nous juger.

N° 86.

Ref. Au secours ! Vierge Marie,
Hâte-toi, viens sauver mes jours,
C'est ton enfant qui t'en supplie,
Vierge Marie, sauve mes jours ;
Vierge Marie, au secours !
— O Mère pleine de tendresse,
Vers toi les pauvres matelots
Lèvent les yeux dans la détresse,
Et soudain tu calmes les flots.
— Le bruit affreux de la tempête
S'approche et gronde avec fureur,
Il mugit, roule sur ma tête ;
Mon sang se glace de frayeur.

— Tu le vois, ma frêle nacelle
Est le jouet de l'ouragan ;
Marie ! étends sur moi ton aile,
Sauve-moi, je suis ton enfant.
— Il t'en souvient, bonne Madone,
Mille fois tu sauvas mes jours ;
N'entends-tu pas ?... la foudre
[tonne.
Au secours, Marie, au secours !
— Parais, étoile tutélaire,
Chasse les ombres de la mort ;
Que ta bienfaisante lumière
Me montre le chemin du port.

N° 87. — PONT-MAIN.

Ref. Mère de l'espérance,
Dont le nom est si doux,
Protégez notre France,
Priez, priez pour nous.
— Souvenez-vous, Marie,
Qu'un de nos souverains
Remit notre patrie
En vos augustes mains.
— La France tout entière
A redit ses serments :
Vous êtes notre Mère,
Nous sommes vos enfants.
— La crainte et la tristesse
Ont gagné tous les cœurs ;
Rendez-nous l'allégresse,
La paix et le bonheur.
— Vous calmez les orages,
Vous commandez aux flots,
Vous guidez aux rivages
Les pauvres matelots.
— Apaisez les tourmentes
Qui grondent dans les cœurs ;
Des passions violentes
Eteignez les ardeurs.
— De la rive éternelle,
Secondez nos efforts,
Guidez notre nacelle
Vers le céleste port.

N° 88.

Ref. C'est toi, Vierge Marie,
Que j'aimerai toujours ;
Sous ton aile chérie
Daigne abriter mes jours.
— J'ai besoin d'une Mère
Dans l'exil d'ici-bas,
Pour porter ma misère
Et diriger mes pas.
— Mille sujets d'alarmes
Sont semés sur mes pas ;
Dans ce séjour de larmes
Ne me délaisse pas.
— « A ma joyeuse fête
» Viens, dit le monde, viens.
» J'ai des fleurs pour ta tête ;
» J'ai la terre et ses biens. »
— Le plaisir qui m'invite
N'est, hélas, qu'un trompeur :
L'éclair, qui fuit si vite,
M'éblouit et j'ai peur.
— Partout à l'innocence
Des piéges sont tendus ;
Prends vite ma défense,
Ou je me sens perdu.
— L'enfer, de sa furie
Me poursuit chaque jour ;
Ah, sauve-moi la vie,
Donne-moi ton amour.
— Au secours, ô ma Mère,
Regarde ton enfant,
En toi mon cœur espère
Et sera triomphant.
— Comme un enfant docile,
Reposant sur tes bras,
Je dormirai tranquille,
Attendant le trépas.
— Conduis-moi sous ton aile
Jusqu'au cœur de Jésus ;
Une mère peut-elle
Essuyer un refus ?

N° 89.

D'une Mère chérie
Célébrons les grandeurs ;
Consacrons à Marie
Et nos voix et nos cœurs.
Ref. De concert avec l'Ange,
Quand il la salua,
Disons, à sa louange,
Un *Ave Maria.*
— Modeste créature,
Elle plut au Seigneur :
Et Vierge toujours pure,
Enfanta le Sauveur.
— Nous étions la conquête
Du tyran des enfers ;
En écrasant sa tête,
Elle a brisé nos fers.
— Que l'espoir se relève
En nos cœurs abattus :
Par cette nouvelle Eve
Les Cieux nous sont rendus.
— O Marie, ô ma Mère !
Prenez soin de mon sort :
C'est en vous que j'espère,
En la vie, à la mort.
— Obtenez-nous la grâce
A notre dernier jour,
De vous voir face à face,
Au céleste séjour.

Nᵒ 90.

Ref. Chantons en chœur
Le beau, le doux nom de
    Mère chérie, [Marie ;
Vivez et régnez dans nos cœurs.
— Du beau nom de Marie
Faisons tout retentir ;
Elle-même, attendrie,
Daigne nous applaudir.
— Tout ici parle d'elle,
Son nom règne en ces lieux ;
Nous croissons sous son aile,
Nous vivons sous ses yeux.

— Marie est notre Mère ;
Nous sommes ses enfants ;
Consacrons à lui plaire
Le printemps de nos ans.
— O Vierge sainte et pure,
Notre cœur, en ce jour,
Vous promet et vous jure
Un éternel amour.
— Nous voulons avec zèle
Imiter vos vertus ;
Vous êtes le modèle
Que suivent les Élus.

Nᵒ 91.

C'est le mois de Marie,
C'est le mois le plus beau.
A la Vierge chérie
Disons un chant nouveau.
— Ornons le sanctuaire
De nos plus belles fleurs,
Offrons à notre Mère
Et nos chants et nos cœurs.
— O Vierge ! viens toi-même,
Viens semer dans nos cœurs

Les vertus dont l'emblème
Se découvre en tes fleurs.
— Montre-toi notre Mère :
De tes enfants chéris
Reçois l'humble prière
Pour l'offrir à ton Fils.
— Fais que, dans la patrie,
Nous chantions à jamais,
O divine Marie !
Ton nom et tes bienfaits.

Nᵒ 92.

— C'est le nom de Marie
Qu'on célèbre en ce jour :
O famille chérie,
Chantons ce nom d'amour.
— C'est le nom d'une mère,
Chantez, heureux enfants ;
Unissez, pour lui plaire,
Et vos cœurs et vos chants.
— C'est un nom de puissance,
Un nom plein de douceur ;
Mais toujours sa clémence
Surpasse sa grandeur.
— C'est un nom de victoire,
Il dompte les enfers ;
Il nous donne la gloire
De briser tous nos fers.

— C'est un nom d'espérance,
Au pécheur repentant ;
Un gage d'innocence
Au cœur juste et fervent.
— Il n'est rien de plus tendre,
Il n'est rien de plus fort ;
Le Ciel aime à l'entendre,
Pour l'enfer, c'est la mort.
— Il est doux à ma bouche,
Comme un rayon de miel ;
Sa mélodie me touche
Et me ravit au Ciel.
— Que le nom de ma Mère,
Au dernier de mes jours,
Soit toute ma prière,
Qu'il soit tout mon secours.

Nᵒ 93.

— Reine des Cieux,
Jette les yeux
Sur ce béni sanctuaire ;
Et des pécheurs
Change les cœurs,

Et montre-toi notre Mère.
— Des noirs enfers,
Brise les fers,
Ces fers d'un dur esclavage ;
Eteins les feux

De l'antre affreux,
Et sauve-nous des orages.
— Ne souffre pas
Que le trépas
Nous surprenne dans le crime ;
Non, ton enfant,
Du noir serpent,
Ne sera pas la victime.
— Si les accents
De tes enfants
S'élèvent jusqu'à ton trône ;
Dans le séjour
Du pur amour,

Garde-leur une couronne.
— Entends nos vœux,
Rends-nous heureux,
En nous donnant la victoire ;
Et pour jamais,
De tes bienfaits
Nous garderons la mémoire.
— Accorde-nous
De t'aimer tous
Dans la céleste patrie,
Et d'y fêter,
Et d'y chanter
L'aimable nom de Marie.

N° 94.

Ref. De Marie Qu'on publie
Et la gloire et les grandeurs :
  Qu'on l'honore,
  Qu'on l'implore,
Qu'elle règne sur nos cœurs !
— Unis aux concerts des
[Anges,
Aimable Reine des Cieux,
Nous célébrons tes louanges
Par nos chants mélodieux.
— Auprès d'elle la nature
Est sans grâce et sans beauté ;
Les cieux perdent leur parure,
L'astre du jour sa clarté.
— C'est le lys de la vallée,
Dont le parfum délicieux,
Sur la terre désolée,
Attira le Roi des Cieux.
— C'est la Vierge incompa-
[rable,

Gloire et salut d'Israël,
Qui, pour un monde coupable,
Fléchit le courroux du Ciel.
—Pour tout dire, c'est Marie :
Dans ce nom que de douceur !
Nom d'une mère chérie,
Nom, doux espoir du pécheur.
— Qui jamais de sa détresse
Lui fit entendre le cri,
Et n'obtint de sa tendresse,
Sous son aile un sûr abri ?
— En vain l'enfer en furie
Frémirait autour de vous ;
Si vous invoquez Marie,
Vous braverez son courroux.
—Oui, je veux, ô tendre Mère !
Jusqu'à mon dernier soupir
T'aimer, te servir, te plaire,
Et pour toi vivre et mourir.

N° 95.

Refrain. Ave Maria,
Car vous êtes ma Mère,
  Ma tendre Mère :
  Ave Maria.
— Au Ciel tous les Anges,
En chœur glorieux,
Chantent vos louanges,
O Reine des Cieux.
— Mais nous, sur la terre,
Sommes vos enfants :
Daignez, bonne Mère,

Agréer nos chants.
— Guidez de l'enfance
Les pas chancelants ;
Sauvez l'innocence
Des adolescents.
— Soyez l'espérance
Des pauvres pécheurs,
Pleins de repentance,
Pleurant leurs erreurs.
— Montrez-vous propice
Au pauvre orphelin,

Soyez sa nourrice,
Trouvez-lui son pain.
— Pensez au Calvaire,
A Jésus mourant :
Consolez la mère
Pleurant son enfant.
— A l'heure dernière,
Fermez-nous les yeux :
A votre prière
S'ouvriront les Cieux.
— Loin de la patrie

Pauvres voyageurs,
Tournons vers Marie.
Nos yeux et nos pleurs.
— Battus par l'orage,
Nous crions vers vous :
Nous perdons courage,
Ah ! secourez-nous !
— Et nous, d'âge en âge,
Heureux à jamais,
Loin de tout orage,
Dirons vos bienfaits.

N° 96.

Refrain. Souvenez-vous, ô tendre Mère !
Qu'on n'eut jamais recours à vous
Sans voir exaucer sa prière ;
Et dans ce jour exaucez-nous.

— Des siècles écoulés j'interroge l'histoire :
Pour dire ses bienfaits, ils n'ont tous qu'une voix ;
Verrais-je en un seul jour s'obscurcir tant de gloire ?
L'invoquerais-je en vain pour la première fois ?
— Marie, aux vœux de tous prêta toujours l'oreille :
Le juste est son enfant et peut tout sur son cœur ;
Mais auprès du pécheur jour et nuit elle veille,
Il est son fils aussi, l'enfant de sa douleur !...
— Et moi, de mes péchés traînant la lourde chaîne,
Vierge sainte, à vos pieds j'implore mon pardon ;
Trop coupable pécheur, abattu, j'ose à peine
Lever les yeux vers vous, prononcer votre nom.
— Elle m'a vu !... Mon cœur renaît à l'espérance ;
Il retrouve la paix, il palpite d'amour.
Je n'ai pas vainement imploré sa clémence.
La Mère de Jésus est ma Mère en ce jour !
— Non, ce n'est pas en vain qu'on invoque Marie,
Non, ce n'est pas en vain qu'elle a des noms si doux :
Mère du bel amour ! mon espoir ! et ma vie !
Vierge compatissante, ayez pitié de nous.
— Je n'ai plus qu'un désir à former sur la terre ;
O ma mère, mettez le comble à vos bienfaits :
Que j'expire à vos pieds, et dans ce sanctuaire,
Si je ne dois au ciel vous aimer à jamais !

N° 97.

— Avec transport, les Cieux l'ont proclamée
Reine des Saints, des Trônes, des Vertus :

La voyez-vous, ma mère bien-aimée,
Près de son fils, près de son doux Jésus?
Ref. Volons, volons, mon âme, Loin de ce lieu mortel,
Sur des ailes de flamme Suivons Marie au Ciel.
Après ta douce Mère, Vole, mon pauvre cœur;
Loin d'elle sur la terre, Loin d'elle est-il bonheur?
— Et moi, son fils, comment pourrais-je vivre
Loin des beaux lieux où se trouve sa cour?
Au ciel, au ciel, je veux, je dois la suivre :
Volons, volons, sur l'aile de l'amour.
— Cruel départ, qui me ravit ma Mère!
Qui me ravit ma vie et mon espoir!
Partons, partons, la vie est trop amère!
Au ciel, au ciel; volons, allons la voir!
— Pour un enfant, une instante prière
A son Jésus demande de beaux jours;
Mais, pour l'enfant qui regrette sa mère,
Ah! de ses pleurs qui suspendra le cours?
— Mère d'amour, exauce, je t'en prie,
De ton enfant le plus ardent désir;
Fais qu'ici-bas je vive de ta vie,
Et de ta mort que je puisse mourir!

Nᵒ 98.

— Je la verrai, cette Mère chérie;
Ce doux espoir fait palpiter mon cœur;
Elle est si bonne et si douce, Marie,
Que son regard ferait tout mon bonheur.
Refrain. Divine Marie, j'ai l'espoir
Au Ciel, ma patrie, De te voir.
— Mon œil à peine avait vu la lumière
Que ton amour veillait sur mon berceau;
Tous mes instants, ô mon aimable Mère!
Furent marqués par un bienfait nouveau.
— Quand viendra donc ce jour, Mère chérie!
Où je pourrai reposer sur ton cœur?
Je peux, du moins, ô divine Marie!
Chanter ton nom pour calmer ma douleur.

Nᵒ 99.

O Mère chérie, Place-moi
Un jour dans la patrie, Près de toi.
— Je suis aimé de toi, mère chérie.

Ce doux penser fait palpiter mon cœur ;
C'est un parfum qui réjouit ma vie
Et dans l'exil me donne le bonheur.
— Quand viendra-t-il ce jour, mère chérie,
Où je pourrai reposer sur ton cœur ?
Je veux du moins, ô divine Marie,
Chanter ton nom pour calmer ma douleur.
— Le voyageur, au nom de sa patrie,
Sentit toujours renaître sa vigueur :
Ton nom puissant, ô divine Marie,
A plus encor d'empire sur mon cœur.
— Ce nom si doux pour un enfant qui prie,
Je le redis mille fois, chaque jour :
Et je le sens, ô divine Marie,
Ton œil sur moi repose avec amour.

N° 100.

— J'irai la voir un jour !
Au ciel, dans la patrie,
Oui, j'irai voir Marie,
Ma joie et mon amour.
Ref. Au ciel j'irai la voir un
[jour !
— J'irai la voir un jour !
C'est le cri d'espérance
Qui guérit ma souffrance,
Au terrestre séjour.
— J'irai la voir un jour !
J'irai m'unir aux Anges,
Pour chanter ses louanges
Et pour former sa cour.
— J'irai la voir un jour !
J'irai près de son trône
Recevoir ma couronne
Et régner à mon tour.
— J'irai la voir un jour !
J'irai, loin de la terre,
Sur le cœur de ma Mère
Reposer sans retour.
Au ciel j'irai la voir un jour !

N° 101. — ENCOR MOI, TOUJOURS MOI !

— Je viens à vous, Vierge Marie ;
A qui mieux puis-je avoir recours ?
J'ai tant de besoins dans la vie !
Et vous êtes mon seul secours.
L'enfer m'a déclaré la guerre :
Partout nouveau sujet d'effroi ;
Où m'enfuir ?...Vous êtes ma Mère !
Marie, ayez pitié de moi !
— Si de votre main protectrice
J'avais suivi le mouvement,
Mon cœur se fût gardé du vice,
Je serais encore innocent ;
Mais, hélas ! quelle est ma misère !
De Satan j'ai suivi la loi ;
J'ai péché !... Vous êtes ma Mère !
Marie, ayez pitié de moi !
— Marie a pitié de mon âme :
Tendre Mère !elle entend mes cris,
A l'enfer elle me réclame,
Elle m'appelle encore son fils...
Déjà, dans ma douleur amère,
L'amour a remplacé l'effroi ;
J'ai pleuré !...Vous êtes ma mère !
Marie, ayez pitié de moi !
— Quand j'abandonnai le rivage,
Vous me suivîtes d'un soupir,
Et vous m'offrez, dans mon nau-
[frage,

La planche du saint repentir;
Dans ce cœur qui se désespère,
Espérance, réveille-toi !
Je vivrai !... Vous êtes ma Mère !
Marie, ayez pitié de moi !
— C'en est fait, ô divine Reine,
A vous aujourd'hui pour jamais

Me rattache la douce chaîne
De votre amour, de vos bienfaits.
Quand sonnera l'heure dernière,
Pour moi, parlez au divin Roi ;
Parlez-lui !... Vous êtes ma Mère !
Marie, ayez pitié de moi !

N° 102.

— Auguste et divine Marie !
Nous vous saluons à genoux :
Vous êtes de grâces remplie,
Et le Seigneur est avec vous.
— Bénie entre toutes les femmes,
Vous méritez le premier rang.

Et béni le Sauveur des âmes,
Jésus, votre divin Enfant.
— Mère de Dieu, sainte Marie,
Prenez pitié de notre sort ;
Priez pour nous pendant la vie,
Surtout à l'heure de la mort.

N° 103. — PURGATOIRE.

— Au fond des brûlants abîmes,
Nous gémissons, nous pleurons ;
Et pour expier nos crimes,
Loin de Dieu nous y souffrons ;
   Hélas ! hélas !
Feu vengeur, de tes victimes
Les pleurs ne t'éteignent pas.
— A l'aspect de nos supplices,
Chrétiens, attendrissez-vous ;
A nos maux soyez propices ;
O nos frères ! sauvez-nous ;
   Hélas ! hélas !
Le Ciel, sans vos sacrifices,
Ne les abrégera pas.
— Vous que le sang, la tendresse
Nous avait longtemps unis,
Priez tous, priez sans cesse
Pour de malheureux amis ;

   Hélas ! hélas !
Nous gémissons dans l'angoisse,
Vous ne nous secourez pas ?...
— Je suis l'âme de ton père,
Qui t'aimais tant autrefois ;
Mon fils, de ta pauvre mère
Entends aujourd'hui la voix.
   Hélas ! hélas !
A mes maux, ma sœur, mon
       [frère,
Ne compatissez-vous pas ?
— De ces flammes dévorantes
Vous pouvez nous arracher.
Hâtez-vous, âmes ferventes,
Dieu se laissera toucher.
   Hélas ! hélas !
Quoi ! ces peines si cuisantes
Ne finiront-elles pas ?

N° 104. — TOUS LES SAINTS.

Refrain.
Chantons les combats et la gloire
Des Saints, nos illustres aïeux,
Ils ont remporté la victoire,
Ils sont couronnés dans les cieux.
— Il n'est plus pour eux de tris-
       [tesse,
Plus de soupirs, plus de douleurs :
Ils moissonnent dans l'allégresse
Ce qu'ils ont semé dans les pleurs.
— Grands Saints, vous êtes nos
       [modèles,
Nous serons vos imitateurs ;
Nous voulons vous être fidèles,
Daignez être nos protecteurs.

— Puissions-nous, marchant sur
       [vos traces,
Être toujours à Dieu soumis !
Sollicitez pour nous ses grâces,
Puisque vous êtes ses amis.
— Vous habitez notre patrie,
Et nous errons comme étrangers ;
Votre sort est digne d'envie,
Et le notre plein de dangers.
— Vous fûtes tous ce que nous
       [sommes,
Au mal exposés comme nous ;
Demandez au Sauveur des hommes.
Qu'un jour nous régnions avec
       [vous.

N° 105. — SAINT JOSEPH.

Refrain :
Chaste époux d'une Vierge mère,
Nous vous célébrons en ce jour ;
Ecoutez notre humble prière,
Recevez nos vœux, notre amour.
— Près de Jésus et de Marie,
Joseph, intercédez pour nous ;
Et près de vous, dans la patrie,
Ah ! daignez nous réunir tous.
— Qu'il est beau, qu'il est plein
[de grâce,
Ce lis qui brille dans vos mains !
Sa céleste blancheur efface
La couronne de tous les Saints.
— Dans l'Egypte, Jésus docile
Vous livrait le soin de ses jours ;

De même, notre cœur fragile
Se confie à vous pour toujours.
— Au milieu d'un monde infidèle,
Joseph éclairez tous nos pas ;
Soyez notre constant modèle
Et ne nous abandonnez pas.
— Jésus, dès sa première enfance,
Partage, adoucit vos travaux ;
Dans nos labeurs, que sa présence
Nous soit de même un doux repos.
— Daignez, tous les jours de la vie,
Veiller sur nous, nous secourir !
Et qu'entre Jésus et Marie,
Comme vous nous puissions mou-
[rir !

N° 106. — ANGE GARDIEN.

— Mon bon Ange, je vous salue,
Je vous crois présent en ce lieu :
Ne souffrez pas qu'à votre vue,
J'ose jamais offenser Dieu.
— Je vous salue et vous révère
Comme un prince du paradis
En qui je trouve un tendre père,
Le plus fidèle des amis.   [cesse
—Plein d'amour, vous veillez sans
Et sur mon âme et sur mon corps ;
Et lorsque l'ennemi me presse,
Vous aidez mes faibles efforts.
— De combien d'accidents funestes
Ne m'avez-vous pas préservé ?
Sans vos bontés toutes célestes,
De quels biens je serais privé !
— Assistez-moi de vos prières,

Eclairez-moi, guidez mes pas ;
Soulagez-moi dans mes misères,
Soutenez-moi dans mes combats.
— Je vais par Jésus à son Père,
Je vais par Marie à Jésus ;
Mais après cette aimable Mère,
C'est à vous que je dois le plus.
— Que vous rendrai-je, ô mon bon
[Ange,
Pour tant de soins et de bienfaits ?
Que Dieu supplée à ma louange,
Et vous glorifie à jamais.
— Tenez-moi toujours compagnie
Dans ce monde où je suis banni,
Afin que dans l'heureuse vie
Je vous sois à jamais uni.

N° 107. — SAINT VINCENT DE PAUL.

Ref. Amour, reconnaissance
Au bienheureux Vincent,
De l'Eglise de France
La gloire et l'ornement !
— Dans le sein de la gloire,
Il règne pour jamais :
Célébrons sa mémoire,
Ses vertus, ses bienfaits.
— Brûlant, dès son jeune âge,
D'une céleste ardeur,
Vincent, pour héritage,
Ne veut que le Seigneur.
— Quelle tendresse immense
Dans son cœur généreux !

Il est la providence
De tous les malheureux.
— Sa parole puissante
Convertit les pécheurs,
Et sa main bienfaisante
Partout sèche les pleurs.
— Le pauvre, en sa chaumière,
L'esclave et l'orphelin,
Trouvent en lui leur père,
Leur sauveur, leur soutien.
— Vous, que la France honore
D'un culte solennel,
Veillez sur elle encore,
Du séjour éternel.

N° 108.

Gardiens des célestes portiques,
Esprits ministres de l'Agneau,
Pourquoi ces fêtes et ces cantiques?
Quel est ce spectacle nouveau?
A qui préparez-vous un trône
Parmi ce peuple de vainqueurs,
Quel front va ceindre une couronne
Brillante d'immortelles fleurs?
Ref. Les larmes ont cessé,
 Le chant de la victoire
 Retentit en tous lieux,
 Vincent a triomphé.
 Chantons, chantons sa gloire,
 Vincent est dans les cieux.
— Entrez dans la gloire éternelle
Où Dieu couronne ses Elus,
Et dans la patrie immortelle
Goûtez le fruit de vos vertus.
Non le ciel n'est point une arène,
Pour vous, il n'est plus de travaux;
La mort en brisant votre chaîne,
Vous ouvre l'éternel repos!
— O Père, soyez-nous propice!
Que votre amour veille sur nous,
Et que votre main protectrice
De l'enfer écarte les coups.
Sauvez notre fragile enfance
Des naufrages de la pudeur,
Pour nous, conserver l'innocence
C'est conserver le vrai bonheur.

N° 109. — ACTIONS DE GRACES.

Ref. Bénissons à jamais
Le Seigneur dans ses bienfaits.
— Bénissez-le, Saints Anges,
Louez sa Majesté;
Rendez à sa bonté
Mille et mille louanges.
— Oh! que c'est un bon Père,
Qu'il a grand soin de nous!
Il nous supporte tous,
Malgré notre misère!
— Il protége sans cesse
La veuve et l'orphelin;
Ce n'est jamais en vain
Que l'humble à lui s'adresse.
— Il donne la victoire
Au juste qui combat;
Il terrasse, il abat
L'ennemi de sa gloire.
— Comme un pasteur fidèle,
Sans craindre le travail,
Il ramène au bercail
Une brebis rebelle.
— Il a brisé ma chaîne,
Comme un puissant vainqueur,
Et comme un doux Sauveur,
Il m'a mis hors de peine.
— Il a guéri mon âme,
Comme un bon médecin,
Comme un maître divin
Il m'éclaire et m'enflamme.
— Il a séché les larmes
Qui coulaient de mes yeux;
Il a comblé mes vœux
Et fini mes alarmes.
— Il me comble à toute heure
De grâce et de faveur;
Dans le fond de mon cœur
Il a pris sa demeure.
— Sa bonté me supporte,
Sa lumière m'instruit,
Sa beauté me ravit,
Son amour me transporte.
— Sa douceur me caresse,
Sa grâce me guérit,
Sa force m'affermit,
Sa charité me presse.
— Dieu seul est ma tendresse,
Dieu seul est mon soutien,
Dieu seul est tout mon bien,
Ma vie et ma richesse.
— Que tout loue en ma place
Un Dieu si plein d'amour,
Qui me fait, chaque jour,
Une nouvelle grâce.
— O Cieux! rendez-lui gloire
Pour de si doux bienfaits.
Ils seront à jamais
Gravés dans ma mémoire.
— Oui! pour tant de tendresse,
Désormais, ô mon Dieu!
En tout temps, en tout lieu,
Je redirai sans cesse :

N° 110. — DÉPART.

— Avant de quitter notre Maître,
Jetons-nous dans son divin Cœur :
C'est là que nous pourrons nous
[promettre
De trouver la paix et le bonheur.
— Marie, ô bonne et tendre Mère,
Recevez aussi nos adieux ;
Priez Jésus, votre Fils débonnaire,
De diriger nos pas vers les Cieux.

— Mon bon Ange, gardien fidèle,
Eclairez, guidez tous mes pas ;
C'est Dieu qui m'a placé sous vos
[ailes,
Tendre ami, ne m'abandonnez pas.
— Saint Joseph, époux de Marie,
Prenez pitié de notre sort :
Protégez-nous, durant cette vie,
Protégez-nous, surtout à la mort.

N° 111.

Jour heureux, jour de vrai plaisir
Pour une âme innocente et pure.
Jour heureux, jour de vrai plaisir,
Faut-il te voir sitôt finir ?

— Sous tes auspices, Marie,
Nous terminons ce beau jour,
Dans la céleste patrie
Réunis-nous pour toujours.

N° 112. — PRÉSENCE DE DIEU.

Où puis-je me cacher,
Lorsque je veux pécher,
O grand Dieu ! que j'adore ?
Partout, à chaque instant,
Du couchant à l'aurore,
N'êtes-vous pas présent ?
— Irai-je vers les cieux ?
Assis là glorieux,
Vous formez le tonnerre ;
Quand je m'enfoncerais
Au centre de la terre,
Je vous y trouverais.
— Si je veux, ô Seigneur,
Pécher à la faveur
D'une nuit ténébreuse,
La nuit sera pour vous
Encor plus lumineuse
Que le jour n'est pour nous.
— En vain mon cœur dira :
Ici l'on ne pourra
Ni me voir, ni m'entendre ;
Le vif remords qu'il sent,
Seigneur, me fait comprendre
Que vous êtes présent.
— Hélas ! il rougirait,
Le pécheur, s'il croyait
Etre aperçu des hommes ;
O Dieu ! que faisons-nous ?
Insensés que nous sommes,
Nous péchons devant vous !

— Votre œil partout me voit ;
Que je sois sous un toit,
En ville, à la campagne ;
Sans se fermer jamais,
Il veille, il m'accompagne,
Il voit ce que je fais.
— Mais Dieu voit le désir
Que j'ai de le servir,
Et Dieu m'en récompense ;
Quelle nouvelle ardeur,
Cette douce présence
Va produire en mon cœur !
— Sous les yeux de son roi,
Le guerrier sans effroi
Voit le feu, la mort même ;
Sous vos yeux, ô Seigneur,
Qu'un chrétien qui vous aime
Doit sentir de ferveur !
— Souffre-t-il ? près de lui
Il voit Dieu dont l'appui
Le soutient, le soulage ;
Combat-il ? Dieu présent,
D'un regard l'encourage,
De sa main le défend.
— Que la nuit et le jour
Mon âme, ô Dieu d'amour,
Marche en votre présence ;
En tel lieu que ce soit,
Que je dise ou je pense :
Dieu m'entend, Dieu me voit.

Avis important pour la Confession.

Une bonne confession est éminemment utile à toute espèce de personnes ; mais elle est absolument indispensable pour ceux qui sont en péché mortel. Car, dans cet état, point de salut. Quelques bonnes œuvres que vous fassiez d'ailleurs, si vous mourez sans vous être réconcilié avec le Seigneur, vous pouvez être aussi assuré que vous irez en ENFER que vous êtes assuré de votre EXISTENCE.

Si jamais vous étiez tenté de cacher quelques péchés à confesse, je vous prierais de faire attention aux réflexions suivantes, et de vous dire à vous-même :

« 1° Cette faute que je n'ose déclarer est connue de
» Dieu et de ses Anges : y a-t-il plus de confusion à la
» faire connaître au ministre de la pénitence, qui est un
» homme comme moi? 2° Tôt ou tard il faudra l'avouer
» ou mourir avec ; en attendant, plus je recevrai d'abso
» lutions, plus je multiplierai mes sacrilèges, plus j'au
» rai de peine à la déclarer. 3° Si, par malheur, je mou
» rais subitement en cet état, bon Dieu ! que devien
» drais-je? Ce péché, que je n'ose découvrir à un Prêtre
» qui est tenu au secret le plus inviolable et qui a le
» pouvoir de m'en absoudre, sera révélé à la face de
» l'univers. Tout le monde le saura, parents, amis, com
» pagnons. Et ce qu'il y a de plus affreux, c'est que cette
» manifestation publique ne servira qu'à rendre ma confu
» sion éternelle, sans diminuer en rien les châtiments que
» j'aurais mérités, et que je puis à présent éviter en me
» faisant tant soit peu violence. »

Voici une histoire rapportée par saint Antonin ; méditez-la et profitez-en....

« Une jeune personne avait commis en secret des péchés honteux
» qu'elle n'osa jamais découvrir à son confesseur. Déchirée par ses
» remords, et ne sachant que faire pour les apaiser, elle entra dans
» un monastère; elle se flattait qu'à force de mortifications, d'austé
» rités et de prières, elle parviendrait à effacer ses fautes sans les dire
» à confesse. Sa conduite parut si édifiante, que peu de temps après
» sa profession, on la choisit pour supérieure de la communauté.
» Elle continua à fréquenter les Sacrements, sans pouvoir vaincre la
» mauvaise honte qui lui avait toujours enchaîné la langue. A la fin,
» les austérités et les peines intérieures qui la dévoraient amenèrent
» la maladie dont elle mourut. L'approche de la dernière heure
» augmenta ses angoisses, mais ne la rendit pas plus hardie à
» confesser les péchés qu'elle tenait cachés. Bref, elle reçoit les der

» niers Sacrements, toujours avec ce funeste poids sur la conscience :
» elle expire, et, tandis qu'on la croit en Paradis, elle est ensevelie
» dans les enfers..... Peu de temps après ses funérailles, elle apparaît
» à une de ses Religieuses qui priait auprès de son tombeau. —
» *Ne priez pas pour moi,* lui dit-elle d'une voix lamentable, *je suis*
» *damnée. Quoi!* s'écrie la sœur, à demi-morte de frayeur, *quoi!*
» *vous damnée, ma mère!.... vous qui avez si saintement vécu!*
» *qui faisiez tant de pénitences!.... que deviendrons-nous donc,*
» *nous autres?.... Il est possible,* reprit la défunte, *que j'aie mené*
» *parmi vous une vie en apparence régulière et pénitente; mais*
» *tout cela ne m'a servi de rien. J'ai eu le malheur de cacher*
» *dans toutes mes confessions des péchés d'impureté que j'avais*
» *commis seule dans ma jeunesse : voilà pourquoi je suis réprou-*
» *vée.* Puis, avec un cri horrible, elle ajoute : *Et c'est pour une*
» *éternité!* A l'instant, elle disparaît. »

Ne croyez pas que l'essentiel soit de découvrir ses péchés pour les déclarer au Prêtre ; il est un point bien plus
important : c'est le regret de les avoir commis, et ce regret est si nécessaire que rien au monde ne peut vous en
dispenser. On peut en certains cas être dispensé de l'examen et même de la déclaration de ses péchés, mais jamais
on n'a été, jamais on ne sera exempt d'en avoir la contrition. Sans la contrition point de pardon ; quand vous
recevriez cent fois l'absolution, quand notre saint-père le
Pape en personne vous la donnerait, vous n'en resteriez
pas moins dans la disgrâce de Dieu. Vous vous garderez
donc bien, dans l'examen de conscience, de passer tout
votre temps à la recherche de vos péchés ; vous en passerez
une bonne partie à en concevoir de la douleur, tant en vue
de la bonté de Dieu, que vous avez offensé, qu'en vue des
peines de l'enfer que vous avez méritées, et vous prendrez
la ferme résolution de vous corriger pour l'avenir.

Voici maintenant les moyens d'obtenir la contrition :
1° Priez ; 2° Méditez.

1° Priez, comme le Publicain : Seigneur, ayez pitié de
moi, qui suis pécheur ;

2° Méditez sur le péché : « La foi m'enseigne que le
» péché mortel rend mon âme exécrable aux yeux du
» Seigneur, qu'il la rend esclave de Satan, qu'il lui ôte
» la vie de la grâce, qu'il m'engage à des peines éternelles ;
» si je meurs en cet état, l'Enfer devient mon partage pour
» l'Eternité ; »

» 3° La foi me dit encore que le péché outrage toutes les
» perfections de Dieu : sa *majesté,* en désobéissant à ses
» ordres, sous ses yeux ; sa *sainteté,* en faisant devant lui

» ce que je rougirais de faire devant un enfant ; sa *bonté*,
» en me servant contre lui de ses propres bienfaits. Si un
» mortel en agissait ainsi à l'égard d'un autre mortel, quelle
» idée aurais-je de cet homme-là ?

» 4° La foi m'apprend que le péché a été la cause unique
» de la mort de J.-C., que j'ai renouvelé sa Passion, que
» je l'ai crucifié de nouveau en moi-même, à chaque fois
» que j'ai péché mortellement. Je ne dois donc plus me
» regarder que comme un déicide ; voilà l'idée que Dieu a
» de moi depuis mon péché. »

EXAMEN DE CONSCIENCE

PRIÈRE. Esprit-Saint, découvrez-moi tous les replis de
mon cœur, afin que rien ne m'échappe dans mon examen
de conscience. Montrez-moi tous mes péchés avec leur
nombre, leurs circonstances et leur malice. Faites-moi
connaître les mauvaises pensées, les mauvais désirs, les
mauvaises actions, dont je me suis rendu coupable,
comme je les connaîtrai quand je paraîtrai devant le Souverain Juge, après ma mort. Ne permettez pas, ô mon
Dieu, que la négligence, ou la paresse, m'empêche de bien
examiner ma conscience, ou que l'amour-propre me cache
à moi-même mes péchés. Soyez dans ma bouche, afin que
je confesse toute mon iniquité ; soyez dans mon cœur,
afin que je déteste sincèrement mes égarements et mes
offenses. — O Marie, ma bonne et tendre Mère, Refuge des
pauvres pécheurs, obtenez-moi la grâce de connaître tous
mes péchés, et de les découvrir tous au ministre de Jésus-
Christ qui tient ici sa place et qu'il m'a donné pour Père.
Ainsi soit-il.

**COMMANDEMENTS DE DIEU : 1° Combien
de fois** ai-je douté de quelque vérité de la Religion ?...
Ai-je lu, ou prêté à lire, des livres, ai-je parlé, ou entendu
avec plaisir parler, contre la Religion... ai-je rougi de
paraître chrétien ?... ai-je désespéré de me corriger, de
me sauver... ai-je résisté à la grâce... ai-je péché en
pensant que Dieu me pardonnerait aussi bien dix péchés
qu'un seul ?... ai-je eu pour Dieu des pensées d'indiffé-
rence, de mépris, de haine ?... ai-je manqué à mes
prières... ai-je empêché les autres de prier... me suis-je
moqué des prêtres, des personnes pieuses... ai-je pris part
aux cérémonies de fausses religions... ai-je été super-
stitieux ; ai-je consulté les sorciers, les devins ?...

2° Combien de fois ai-je juré contre la vérité, fait de faux-serments?... Ai-je pris Dieu à témoin sans nécessité, ou pour m'engager à faire quelque chose de mal... ai-je manqué à un vœu, à une promesse bonne, faite avec serment? ai-je blasphémé le saint Nom de Dieu, de la Sainte Vierge, ou des Saints... ai-je dit que Dieu était injuste, cruel, qu'il me punissait trop sévèrement?... ai-je fait des malédictions contre les enfants, les animaux, les outils?... ai-je donné quelqu'un au démon?...

3° Combien de fois le Dimanche ai-je manqué à la Messe par ma faute, sous divers prétextes futiles de voyage, de température ou de convenance?... Ai-je été à l'église pour voir, être vu, rire, parler?... ai-je été cause que d'autres ne sont pas allés à la Messe?... ai-je travaillé pendant un temps considérable, deux heures par exemple, sans nécessité?... ai-je fréquenté les bals, les cabarets, les mauvaises compagnies?... *Les fêtes obligent comme le dimanche.*

4° Combien de fois ai-je rougi de mes parents... les ai-je haïs, maudits, menacés, battus... leur ai-je parlé avec insolence, désobéi avec opiniâtreté... ai-je, malgré leur défense, fréquenté certaines personnes ou certains lieux?... ai-je négligé d'appeler un prêtre pour qu'ils reçussent les secours de la Religion avant de mourir... ai-je négligé de prier pour eux?... ai-je refusé de les soulager selon mes moyens... leur ai-je refusé les choses nécessaires à la vie... ai-je souhaité leur mort? — Ai-je eu de graves disputes avec mes frères et sœurs, avec mes voisins?... — Ai-je manqué de respect, d'obéissance, de fidélité à l'égard de mes maîtres... ai-je révélé leurs défauts... ai-je murmuré, fait murmurer contre eux?... — Ai-je fait volontairement de la peine à mon époux... épouse, par mes paroles, par ma conduite, par mes injustes négligences?... — Ai-je laissé mourir mes enfants sans baptême, ou sans sacrements?... ai-je négligé de leur faire apprendre la prière et le catéchisme... les ai-je laissé courir sans surveillance... ai-je permis de mauvais propos, de mauvaises fréquentations... ai-je ri de leurs malices... ai-je eu la faiblesse de ne pas les corriger... leur ai-je laissé prendre un ton de petit-maître... leur ai-je donné mauvais exemple, mauvais conseils... ai-je eu de la préférence pour l'un d'eux... ai-je dissipé leurs biens?.,. — Ai-je négligé de veiller au salut de l'âme et du corps de mes domestiques... ouvriers ; de payer leur salaire ?

5° Combien de fois ai-je été homicide de moi-même? Ai-je souhaité la mort, refusé la vie, procuré la mort directement ou indirectement... ai-je injurié, battu, blessé mon prochain... ai-je eu de la haine, de la rancune, des pensées de vengeance contre mon prochain... ai-je refusé de me réconcilier?... Ai-je appris aux autres (aux enfants surtout) à commettre le mal... ai-je engagé les autres à se venger, à faire des procès... ai-je semé la discorde dans les familles par mes rapports.

6°, 9° Combien de fois ai-je consenti à des pensées, des rêves déshonnêtes?... Ai-je lu, prêté de mauvais livres... ai-je regardé, ai-je désiré voir ou faire des choses indécentes... ai-je dit, ai-je écouté des paroles contraires à la modestie... ai-je écouté, chanté, fait chanter, appris à d'autres de mauvaises chansons?... Ai-je commis des actions honteuses... seul... avec d'autres... ai-je fréquenté des compagnies dangereuses... ai-je donné des rendez-vous secrets... ai-je pris, ou laissé prendre, des libertés criminelles et honteuses... ai-je facilité aux autres le moyen de faire le mal?... *La honte ne doit pas retenir le pénitent coupable; il faut dire TOUS SES PÉCHÉS à confesse, ou bien ne pas se confesser.*

7°, 10° Combien de fois ai-je désiré de voler, ai-je volé... combien?... Ai-je aidé les autres à voler, ai-je gardé les choses volées... trouvées... ai-je négligé de payer mes dettes... ai-je été usurier... ai-je trompé, fraudé dans le commerce, dans le travail, dans les commissions, dans les arrangements de familles, dans les partages... ai-je favorisé l'injustice... ai-je vendu des choses nuisibles à ceux qui achetaient... ai-je causé des dommages dans la propriété d'autrui... ai-je fait des procès injustes... ai-je fait des faux... ai-je fait banqueroute frauduleuse?... *Ces péchés ne seront jamais remis sans restitution, ni pendant la vie ni après la mort, si elle est possible.* (St Aug.) *Craignons l'enfer!...*

8° Combien de fois ai-je porté de faux témoignages?... Ai-je menti pour me vanter, m'excuser, pour obliger les autres, pour nuire au prochain... ai-je accusé le prochain de fautes qu'il n'avait pas commises... ai-je ruiné sa réputation... ai-je médit sans une vraie nécessité... ai-je eu des soupçons injurieux ou téméraires...

ai-je ouvert les lettres d'autrui, lu des papiers secrets, révélé des secrets dont je n'aurais pas dû parler?...

COMMANDEMENTS DE L'ÉGLISE. Combien de fois ai-je manqué à mon devoir pascal?... Ai-je communié sans préparation, par simple habitude, pour faire comme les autres... ai-je communié sans m'être confessé comme il faut, sans avoir dit tous mes péchés par fausse honte, ou parce que mon confesseur ne m'interrogeait pas?... — Ai-je été à confesse sans avoir examiné ma conscience, sans avoir la ferme volonté de me corriger et de réparer le mal que j'avais fait, sans avoir la contrition de mes fautes, sans avoir accompli ma pénitence, sans un profond recueillement?... ai-je détourné les autres d'aller à confesse?... — Ai-je manqué sans raison à la loi du jeûne et de la pénitence pendant le Carême?... — Ai-je mangé de la viande les jours défendus sans nécessité et sans dispense... ai-je forcé les autres à en manger... me suis-je moqué de ceux qui faisaient maigre... ai-je affecté de faire gras par impiété, par respect humain?...

PÉCHÉS CAPITAUX. Combien de fois (orgueil) ai-je trop aimé la parure... ai-je été opiniâtre, entêté, insolent... me suis-je vanté pour ravir l'estime des autres... ai-je été hypocrite... ai-je rougi de mon état... ai-je été beaucoup trop sensible aux louanges ou aux reproches?... (avarice) Ai-je été dur pour les pauvres... ai-je été avare, tenant trop à l'argent... ai-je été prodigue, dépensant mal à propos?... (envie) Ai-je porté envie à mon prochain... ai-je cherché à le supplanter... me suis-je réjoui de son malheur?... (gourmandise) Ai-je mangé... bu avec excès?... ai-je enivré les autres?... (colère) Me suis-je mis en grande colère... suis-je resté longtemps en colère?... (paresse) Ai-je été paresseux pour mes devoirs religieux... pour mon travail... pour les devoirs de mon état... ai-je perdu un temps considérable en discours inutiles?

ACTE DE CONTRITION.

Il existe un enfer, et cet enfer est destiné par la justice de Dieu à punir éternellement le péché mortel... Si la mort me frappait en ce moment, que deviendrais-je?.. Pourrais-je bien demeurer au milieu de ces brasiers dévorants?... Si je descends par la pensée dans ce lieu de larmes et de désespoir, je vois un feu que le bon Dieu a allumé dans sa colère... des pécheurs tourmentés par ce feu vengeur sans être consumés!... O mon Dieu! ma place devrait être à leurs côtés... Et si je mourais maintenant?... sans avoir reçu le pardon de mes fautes?... Ah! grand Dieu! qu'il n'en soit pas ainsi!... Seigneur Jésus, sauvez mon âme! Vous avez souffert tous les tourments de la Passion, vous êtes mort sur la croix pour me racheter de l'enfer... Merci, ô mon Dieu! Désormais, je veux vous aimer... Pardon, ô mon Jésus, pardon pour tous les péchés que j'ai commis! Plutôt mourir que de jamais vous offenser!... Marie, ô ma Mère, obtenez-moi cette grâce.

Mon Dieu, je me repens de tout mon cœur de vous avoir offensé, parce que vous êtes infiniment bon, infiniment aimable. et que le péché vous déplaît. Je me propose fermement, moyennant votre sainte grâce, de ne plus vous offenser et de faire pénitence. O Marie, conçue sans péché, priez pour nous, qui avons recours à vous!

Cantiques d'actions de grâces.

Te Deum laudamus : * te Dominum confitemur.
Te æternum Patrem * omnis terra veneratur.
Tibi omnes Angeli, * tibi cœli et universæ potestates.
Tibi Cherubim et Seraphim * incessabili voce proclamant :
Sanctus, Sanctus, Sanctus, Dominus * Deus Sabaoth.
Pleni sunt cœli et terra * majestatis gloriæ tuæ.
Te gloriosus * Apostolorum chorus.
Te Prophetarum * laudabilis numerus.
Te Martyrum candidatus * laudat exercitus.
Te per orbem terrarum * sancta confitetur Ecclesia,
Patrem * immensæ majestatis,
Venerandum tuum verum * et unicum Filium,
Sanctum quoque * paracletum Spiritum.
Tu Rex gloriæ, * Christe.
Tu Patris * sempiternus es Filius.   [uterum.
Tu, ad liberandum suscepturus hominem, non horruisti Virginis
Tu, devicto mortis aculeo, * aperuisti credentibus regna cœlorum.
Tu ad dexteram Dei sedes * in gloria Patris.
Judex crederis * esse venturus.
Te ergo quæsumus, famulis tuis subveni, * quos pretioso sanguine
Æterna fac * cum sanctis tuis in gloria numerari.   [redemisti.
Salvum fac populum tuum, Domine, * et benedic hæreditati tuæ.
Et rege eos, * et extolle illos usque in æternum.
Per singulos dies * benedicimus te.
Et laudamus nomen tuum in seculum, * et in seculum seculi.
Dignare, Domine, die isto, * sine peccato nos custodire.
Miserere nostrî, Domine, * miserere nostrî.
Fiat misericordia tua, Domine, super nos, * quemadmodum spera-
In te, Domine, speravi, * non confundar in æternum.   [vimus in te.

CÉRÉMONIES DE LA MISSION.

AMENDE HONORABLE.

Prières à l'autel où se doit faire l'Amende honorable.

CAPITULUM.

Fratres, ego enim accepi à Domino quod et tradidi vobis, quoniam Dominus Jesus in quâ nocte tradebatur, accepit panem, et gratias agens fregit et dixit : Accipite et manducate ; Hoc est Corpus meum quod pro vobis datur. Hoc facite in meam commemorationem. *Deo gratias.*

OREMUS.

Deus, qui nobis sub Sacramento mirabili passionis tuæ memoriam reliquisti ; tribue quæsumus ita nos corporis et sanguinis tui sacra mysteria venerari, ut redemptionis tuæ fructum in nobis jugiter sentiamus.

℣. Per omnia secula seculorum. Amen ! etc.

Verè dignum et justum est, æquum et salutare, nos tibi semper, et ubique gratias agere : Domine sancte, pater omnipotens, æterne Deus. Quia per Incarnati Verbi mysterium, nova mentis nostræ oculis lux tuæ claritatis infulsit ! Ut dum visibiliter Deum cognoscimus, per hunc in invisibilium amorem rapiamur. Et ideo cum Angelis et Archangelis, cum Thronis et Dominationibus, cumque omni Militia cœlestis exercitûs, hymnum gloriæ tuæ canimus sine fine dicentes.

L'amende honorable terminée, le célebrant récite sans chant l'oraison suivante :

Respice, quæsumus, Domine, super hanc familiam tuam pro quâ Dominus noster Jesus Christus non dubitavit manibus tradi nocentium et crucis subire tormentum.

Amende honorable à Jésus-Christ au Très-Saint Sacrement.

Adorable Jésus, Fils unique du Père Eternel, Dieu caché sous les apparences du pain, Dieu insulté jusque dans le Sacrement de votre amour, Dieu outragé par l'infidélité, par l'incrédulité, par l'impiété, les irrévérences, l'oubli, les contradictions des hommes, nous venons, Seigneur, implorer sur nous la multitude de vos miséricordes infinies. Etait-ce donc là ce que vous deviez attendre de notre reconnaissance ? Non content d'être mort pour tous les hommes sur une Croix, et d'y avoir répandu jusqu'à la dernière goutte de votre Sang pour notre sanctification, vous vous immolez encore mille fois tous les jours sur nos Autels ; vous nous donnez votre Corps à manger, votre Sang à boire dans ce sacré Banquet ; vous y devenez notre nourriture et notre pain de chaque jour ; vous restez dans nos Tabernacles pour y être à jamais notre Victime, notre Médecin, notre Maître, notre Pasteur et notre unique Médiateur ; c'est ainsi que vous avez aimé le monde. Mais, hélas ! que d'ingratitude de notre part ! O Dieu ! que les Anges adorent nuit et jour, à combien d'outrages votre Sacrement ne vous expose-t-il pas continuellement parmi nous ?

Amende honorable vous soit faite, grand Dieu, Roi des siècles, Dieu immortel, à qui seul appartient tout honneur et toute gloire ! Amende honorable vous soit faite en ce moment par tout ce qu'il y a de Créatures intelligentes dans les Cieux des Cieux, et dans toutes les contrées de la terre ; Amende honorable et réparation solennelle vous soit faite pour tout l'honneur dont vous ont privé depuis l'institution de cet auguste Mystère, et dont vous privent l'ignorance des Idolâtres, l'opiniâtreté des Hérétiques, les railleries des Libertins et les profanations des Pécheurs. Pardon, Seigneur Jésus ! pardon pour tant d'horribles sacriléges. Nous croyons en vous ; nous vous croyons sur votre parole ; nous vous adorons vrai Dieu et vrai Homme, réellement présent, tout entier et par miracle sous les espèces du Pain et du Vin ; nous publions les merveilles de votre puissance et les prodiges de votre amour ; nous nous engageons à vous rendre plus souvent nos hommages dans vos saints Temples ; nous aurons soin de purifier nos cœurs et de les orner des vertus qui vous sont le plus agréables, toutes les fois que nous nous disposerons à manger votre Chair sacrée, l'Aliment de nos Ames et le Gage de notre immortalité. Pardon, Seigneur ! que ne nous est-il permis de réparer votre gloire par l'effusion de notre sang, au moins nous vous aimerons de tout notre cœur, de toute notre âme, de toutes nos forces selon votre précepte, et jusqu'à la fin de notre vie. Ainsi soit-il.

CONSÉCRATION A LA SAINTE VIERGE.

Vierge immaculée, sainte Marie, auguste Fille du Père céleste, Mère du Fils, Epouse du Saint-Esprit, nous savons que vous êtes la Reine de l'Univers, et que toutes les créatures vous doivent un culte spécial, comme à celle qui n'eut jamais d'égale entre les Saints, ni en grâce sur la terre, ni en gloire dans le Ciel. Prosternés en votre présence, pressés du désir sincère de vous servir, animés par la confiance que nous avons dans l'étendue de votre pouvoir et de votre bonté, héritiers de la piété de nos pères que vous avez adoptés depuis tant de siècles pour vos enfants, nous vous choisissons aujourd'hui pour notre Souveraine, pour notre Mère, pour notre Avocate auprès de Dieu. Nous vous consacrons nos biens, notre vie et tout ce que nous avons de plus cher au monde, dans le désir que nous avons d'être absolument dévoués à votre service.

Nous nous engageons à ne souffrir jamais rien qui démente la Consécration générale que nous vous faisons de nos cœurs, et nous n'épargnerons rien pour procurer, autant qu'il nous sera possible, l'honneur, les hommages, la fidélité et l'amour qui vous sont dus.

Daignez donc, ô Reine des Anges et des Saints, nous regarder favorablement du Trône de votre gloire, nous et tous ceux qui sont vos serviteurs ; ne souffrez pas qu'aucun d'eux se rende jamais indigne de votre protection. Bénissez nos actions, nos emplois, nos familles, cet Etat, nos Pasteurs et nos Princes. Obtenez-nous la grâce d'imiter ce parfait modèle de pureté, d'humilité, de piété, de charité, qui éclate en vous. Assistez-nous dans toutes nos nécessités, secourez-nous dans tous les dangers, consolez-nous dans nos afflictions, apprenez-nous à faire un saint usage des biens et des maux de la vie. Protégez-nous toujours, mais surtout à l'heure de notre mort. Ainsi soit-il.

CONSÉCRATION PARTICULIÈRE DES ENFANTS.

Très-sainte Marie, mère de Dieu, souveraine maîtresse des Anges et des hommes, ceux et celles que vous voyez ici prosternés à vos pieds sont autant d'enfants chrétiens que votre cher Fils a daigné bénir pendant cette Mission, et auxquels il a inspiré la résolution de n'aimer que lui seul. Ce sont des enfants qui veulent devenir plus particulièrement les vôtres ; ils viennent reconnaître vos bontés et réclamer votre protection. Chargé d'exprimer les sentiments dont ils sont pénétrés, désirant de répondre à leur piété et de me satisfaire moi-même, je vous offre leur cœur et le mien ; c'est le gage de notre respect, de notre amour pour vous et de la tendre confiance que nous avons en vos miséricordes. Agréez la protestation que nous faisons de vivre et de mourir dans votre service. Pour toute récompense, nous vous demandons de mettre le comble à notre bonheur, et de rendre ce jour le plus heureux de notre vie, en nous accordant votre sainte protection et en exauçant les vœux que nous vous adressons de tout notre cœur, pour nos parents, nos amis, nos bienfaiteurs, et surtout pour ces charitables ministres qui se sont efforcés, par leurs instructions, de nous rendre des enfants dignes de la meilleure de toutes les mères. Ainsi soit-il.

Pour la Bénédiction des Petits Enfants devant l'Autel de la Sainte Vierge.

℣. Dominus vobiscum. ℟. Et cum spiritu tuo.

Sequentia sancti Evangilii ✝ secundùm Marcum.

℟. Gloria tibi, Domine.

Offerebant (Jesu) parvulos, ut tangeret illos. Discipuli autem comminabantur offerentibus. Quos cùm videret Jesus, indignè tulit et ait illis : Sinite parvulos venire ad me et ne prohibueritis eos : talium enim est regnum Dei. Amen dico vobis : quisquis non receperit regnum Dei velut parvulus, non intrabit in illud. Et complexans eos, et imponens manus super illos, benedicebat eos.

℟. Deo gratias.

℣. Deus noster miseretur.

℟. Custodiens parvulos Dominus.

℣. Domine, exaudi, etc.

℣. Dominus vobiscum, etc.

La main étendue sur les enfants, le prêtre dit :

ORÉMUS.

Domine Jesu sancte, qui in tempore infans esse voluisti et hujus ætatis diligens innocentiam, parvulos tibi oblatos amanter complexus es, iisque benedixisti ; infantes istos præveni in benedictionibus dulcedinis, et præsta, ne malitia mutet intellectum eorum ; eisque concede, ut proficientes ætate, sapientiâ et gratiâ semper tibi et hominibus placere valeant ; qui vivis, etc.

Il fait le signe de la croix avec de l'eau bénite, en disant :

Benedictio Dei omnipotentis, Patris et Filii et Spiritûs Sancti descendat super vos et maneat semper. ℟. Amen.

Prière pour gagner l'indulgence plénière de la Mission.

Malgré mon indignité que je ne puis ignorer, Seigneur, m'appuyant sur votre charité immense, et me conformant aux intentions du Père commun des Fidèles, j'ose vous offrir mes humbles prières, et vous supplier par Jésus-Christ votre Fils, Père très-miséricordieux, de protéger singulièrement et d'exalter votre sainte Église Catholique de la défendre contre ses ennemis visibles et invisibles, et de réunir tous les Princes et les Peuples chrétiens par les liens de la paix et de la charité.

Regardez en pitié, ô mon Dieu ! tant de peuples qui n'ont pas encore reçu la précieuse lumière de votre Évangile, ou qui se sont séparés de l'Église Romaine par le schisme ou par l'hérésie. Arrêtez tous les efforts criminels des hérétiques connus ou cachés, confondez-les par la vertu toute-puissante de votre bras, ou plutôt convertissez-les par la douceur efficace de votre grâce. Inspirez toujours au Souverain-Pontife, à notre Évêque, aux pasteurs des âmes et à tous les Ouvriers Évangéliques, un zèle ardent pour votre gloire, une charité tendre pour les brebis que vous leur avez confiées, la science, la sagesse, la sainteté nécessaire pour éclairer et pour édifier tous les Peuples. Daignez regarder favorablement ce Royaume que vous avez toujours protégé visiblement, détournez-en les fléaux de votre colère, conservez-y la foi et la religion dans toute sa pureté. Accordez-nous à nous-mêmes, ô Fils unique du Père Éternel ! en vue des mérites infinis et de votre bonté sans bornes, l'Indulgence et la rémission de tous nos péchés. Ainsi soit-il.

Amende honorable au Sacré-Cœur de Jésus.

O cœur adorable de mon Sauveur et de mon Dieu ! toujours embrasé d'amour pour les hommes, et toujours outragé par leur ingratitude, pénétré de la plus vive douleur à la vue des injures que vous avez reçues et que vous recevez encore tous les jours dans le Sacrement de l'Eucharistie, je me prosterne devant vous pour vous en faire amende honorable aux pieds des saints autels : que ne puis-je, par mes profonds hommages, réparer votre honneur méprisé? Que ne puis-je effacer de mes larmes et de mon sang tant d'irrévérences, de profanations et de sacriléges dont le souvenir me remplit d'horreur ! Oh ! que ma vie serait bien employée, si je pouvais la donner pour un si digne sujet ! Accordez-moi, ô mon Dieu ! dans votre infinie miséricorde, le pardon que je vous demande pour tous les ennemis de votre saint nom, les hérétiques, les impies, les libertins, pour tant de chrétiens qui vous déshonorent et surtout pour moi-même qui vous ai si souvent outragé. Souvenez-vous que votre cœur adorable portant le poids de mes péchés a été triste jusqu'à la mort : ne permettez pas que vos souffrances et votre sang me soient inutiles; anéantissez mon cœur criminel, et m'en donnez un selon le vôtre, un cœur contrit et humilié, un cœur pur et sans tache, un cœur qui ne soit désormais qu'une victime consacrée à votre gloire et embrasée du feu sacré de votre amour. De ma part, je promets de réparer dans la suite, par ma modestie dans les églises, par mon assiduité à vous visiter, par ma dévotion et ma ferveur à vous recevoir, les irrévérences et les sacriléges que je déplore dans l'amertume de mon cœur. Pour vous rendre mes hommages plus agréables, je les unis aux adorations des Anges qui sont toujours prosternés aux pieds des sacrés tabernacles; exaucez mes vœux, ô cœur sacré de mon Jésus ! et ne rejetez pas un pécheur qui revient sincèrement à vous, dans le désir d'être tout à vous, à vous seul et pour toujours. Ainsi soit-il.

TABLE DES CANTIQUES.

Typ. Oberthur et fils, à Rennes, faubourg de Paris, 18.

Prière après la communion.
DEVANT UN CRUCIFIX.

O bon et très-doux Jésus! je me prosterne à genoux en votre présence, et je vous prie et je vous conjure avec toute la ferveur de mon âme, de daigner graver dans mon cœur de vifs sentiments de foi, d'espérance et de charité, un vrai repentir de mes égarements, et une volonté très-ferme de m'en corriger, pendant que je considère en moi-même et que je contemple en esprit vos cinq plaies avec une grande affection et une grande douleur, ayant devant les yeux ce que disait déjà de vous, ô bon Jésus, le saint roi David : « *Ils ont percé* « *mes mains et mes pieds, ils ont compté tous mes os.* » *Pater... Ave...* (Indulgences plénières).

Souvenez-vous,

ô très-pieuse Vierge Marie! qu'on n'a jamais entendu dire qu'aucun de ceux qui ont eu recours à votre protection, imploré votre secours et sollicité vos prières, ait été abandonné. Animé d'une même confiance, je cours vers Vous, Vierge des vierges, NOTRE MÈRE : et gémissant sous le poids de mes péchés, je me prosterne à vos pieds... O Mère du Verbe incarné! ne rejetez pas ma prière, mais écoutez-la favorablement et daignez l'exaucer... Ainsi soit-il!

Au commencement de la journée.

Divin Jésus, vous vous êtes assujetti au travail pour expier mes péchés; animez-moi du même esprit de pénitence. Tout pour vous, mon aimable Maître, tout pour votre amour. O mon Dieu, je voudrais que tous les battements de mon cœur fussent autant d'actes de Foi, d'Espérance, de Charité, de Contrition. Dieu de mon cœur, mon sort est entre vos mains. O Jésus, soyez à jamais dans mon cœur, et que mon cœur soit à jamais dans le vôtre.

O mon Sauveur, ô mon Dieu, quand me ferez-vous la grâce d'être tout à vous et de n'aimer que vous? (S. VINCENT-DE-P.)

A la fin de la journée.

Souvenons-nous que cette nuit pourrait être la dernière de notre vie. Retirons-nous en silence. Occupons notre esprit de quelque sainte pensée. Couchons-nous avec modestie, afin que nous reposions dans le Seigneur. Si nous nous éveillons durant la nuit, élevons notre cœur à Dieu... Rappelons-nous que dans ce moment il y a des âmes qui comparaissent à son tribunal et que nous pouvons les y suivre; prions pour elles et renouvelons la détestation de nos péchés.

LITANIES DE LA SAINTE VIERGE.

SEIGNEUR, ay. pitié de nous.
Jésus-Christ, ay. pit. de nous.
Seigneur, ayez pitié de nous.
Jésus-Christ, écoutez-nous.
Jésus-Christ, exaucez-nous.
Dieu le Père, du haut des cieux, ayez pitié de nous.
Dieu le Fils, Rédempteur du monde, ayez pitié de nous.
Esprit-Saint, qui êtes Dieu, ayez pitié de nous.
Trinité Sainte, qui êtes un seul Dieu, ay. pitié de nous.
Sainte Marie, priez p. nous.
Sainte Mère de Dieu,
Sainte Vierge des Vierges,
Mère de Jésus-Christ,
Mère de la divine grâce,
Mère très-pure,
Mère très-chaste,
Mère sans tache,
Mère sans corruption,
Mère aimable,
Mère admirable,
Mère du Créateur,
Mère du Sauveur,
Vierge très-prudente,
Vierge vénérable,
Vierge digne de louanges,
Vierge puissante,
Vierge clémente,
Vierge fidèle,
Miroir de justice,
Siége de la sagesse,
Cause de notre joie,

Vaisseau spirituel,
Vaisseau honorable,
Vaisseau insigne de dévotion
Rose mystique,
Tour de David,
Tour d'ivoire,
Maison d'or,
Arche d'alliance,
Porte du Ciel,
Étoile du matin,
Santé des infirmes,
Refuge des pécheurs,
Consolatrice des affligés,
Secours des chrétiens,
Reine des anges,
Reine des patriarches,
Reine des prophètes,
Reine des apôtres,
Reine des martyrs,
Reine des confesseurs,
Reine des Vierges,
Reine de tous les Saints,
Reine conçue sans péché,
Agneau de Dieu, qui effacez les péchés du monde, pardonnez-nous...... exaucez-nous.... ayez pitié de nous, Seigneur.
Jésus-Christ, écoutez-nous.
Jésus-Christ, exaucez-nous.
℣. Sainte Mère de Dieu, priez pour nous,
℟. Afin que nous devenions dignes des promesses de Jésus-Christ.

Priez pour nous.

PRIONS.

Seigneur, nous vous supplions de répandre votre sainte grâce dans nos âmes, afin qu'après avoir connu par la voix de l'Ange la miraculeuse Incarnation de votre Fils J.-C., nous puissions, par les mérites de sa Passion et de sa Croix, arriver un jour à la gloire de sa Résurrection. Par le même J.-C. N. S.

O mon Jésus! Miséricorde!

Doux cœur de Marie, soyez mon refuge.